**어떤 경제가 우리를
행복하게 하는가**

변양균의
현실과 맞서는
영화속
한국 경제 특강

변양균 지음

**어떤 경제가 우리를
행복하게 하는가**

바다출판사

차례

프롤로그

무엇이 가상이고 무엇이 현실인가?

"너무나 현실 같았던 꿈을 꾼 적이 있습니까?"

'장자'의 이야기처럼 들린다. 철학적 질문 같기도 하다. 그러나 '장자'도 아니고 어떤 철학자의 '의문'도 아니다. 영화 〈매트릭스Matrix〉에 등장하는 대사 가운데 하나이다. 저항조직의 지도자인 모피어스가 주인공 네오를 만나면서 하는 이야기이다. 물론 〈매트릭스〉 자체는 대단히 철학적인 영화이다. 장자의 철학은 물론 기독교적인 세계관도 담겨 있다. 인간의 존재와 그 현실에 대해 심각한 물음을 던지는, 일종의 '존재론적' 영화이다.

〈매트릭스〉가 존재론적인 영화라는 의견에 대해서는 반론도 있다. 조지프 히스Joseph Heath의 의견이다. 그는 〈매트릭스〉가 존재론적 딜레마를 재현시키려는 것이 아니라고 단언한다. '반反문화의 근원'을 이야기하고 있다는 것이다. 즉 체제 내에서 개혁을 위해 애쓸 것이 아니라 문화를 송두리째 거부하는 데에 해답이 있음을 전달하고 있다는 것이다. 그는 영화에 등장하는 '시온의 주민'도 결국은 주류사회에 대한 문화의 반란자로 해석한다.*

이 영화는 지금 우리가 살고 있는 이 세상이 컴퓨터(Artificial Intelligence)가 만들어 낸 '가상현실'이라는 가정에서 출발하고 있다. 이 영화는 우리에게 몇 가지 심각한 질문들을 던진다. '지금 여기 있는 나는 누구인가?', '내가 보고 있는 세상은 과연 진실인가, 그리고 무엇이 현실이고 무엇이 허상인가?' 철학과 과학의 세계에서만 존재하는 질문들처럼 보이지만 그렇지도 않다. 이 질문들은 지금 우리가 살고 있는 한국 사회를 분석하는 데에도 아주 유용한 도구가 된다.

외국인들에게 한국을 소개할 때 자주 등장하는 표현이 있다. '고요한 아침의 나라'이다. 구한말 미국의 선교사가 '조선朝鮮'을 'The Land of Morning Calm'으로 번역하면서 생겨난 표현이다. 그때는 그렇게 보였을지 모르지만, 지금의 대한민국에 어울리는 표현은 아닌 듯싶다. 오래전에 어떤 외신기자가 했던 이야기가 떠오른다. '한국은 기자들의 천국'이라는 것이다. 기자실에만 가면 매일 기사거리가 있기 때문이었다. 자신의 나라에서는 엄청난 발품을 팔아야 그 정도의 기사를 얻는다는 것이었다. 우리 사회의 역동성을 말해 주는 대목이다. 지금 우리가 살고 있는 대한민국은 '고요한 아침의 나라'라는 별명이 무색할 만큼 분주하고 역동적이다. 게다가 때로는 시끄럽기까지 하다.

---

* 조지프 히스의 이러한 주장은 그가 앤드류 포터Andrew Potter와 함께 쓴 《혁명을 팝니다The Rebel Sell》에 등장한다. 그는 여기서 〈매트릭스〉가 급진적 사회주의자인 기 드보르Guy Debord의 작품 《스펙터클의 사회The Society of the Spectacle》에서 표현된 사상, 즉 반문화의 근원을 나타낸 영화라고 주장한다.

2012년 대한민국의 매트릭스

사람들은 저마다 자신이 경험하는 세상을 진실로 받아들인다. 따라서 같은 사안이라 해도 보는 사람에 따라 의견이 엇갈리는 경우가 많다. 영화 〈매트릭스〉가 문제를 제기하는 지점이다. 우리가 보고 있는 세상은 과연 진실일까? 우리 사회에서는 특히, 구성원들 각자가 믿고 있는 진실이 다르다. 우리 사회가 그만큼 다양한 스펙트럼을 가지고 있기 때문일 것이다.

1960년대 이전에 태어난 50대 이상의 세대는 전형적인 농촌세대이다. 1960년대만 해도 대한민국 인구의 70% 이상이 농림어업에 종사하고 있었기 때문이다. 도시에서 학교를 다니는 사람들 중에도 도시로 '유학'을 온 시골 학생들이 많았다.

반면 현재의 40대~50대는 본격적인 산업화·도시화와 함께 자라온 세대이다. 이들이 태어나기 시작한 1961년에는 2차 산업의 비중이 20%에 불과했다. 이들이 대학에 들어갈 무렵인 1980년에는 그 비중이 40%로 급속히 높아지면서 대한민국은 본격적인 산업국가 시대로 접어들게 된다. 변화하는 농촌과 새로운 도시, 공장의 검은 연기와 대

"매트릭스는 진정한 세계의 모습, 사실을 보지 못하도록 가로막는 존재다"

우리가 보고 있는 세상은 과연 진실일까? 우리 사회에서는 특히, 구성원들 각자가 믿고 있는 진실이 다르다. 왜 그럴까? 우리 사회가 그만큼 다양한 스펙트럼을 가지고 있기 때문이다.

어떤 경제가 우리를 행복하게 하는가

량생산. 바로 이들 40~50대 세대가 가치관을 형성하게 되는 배경이다. 이 세대들은 비로소 배고픔에서 벗어나 고도성장의 열매를 맛볼 수 있었다.

현재의 20~30대와 그 아래 세대들은 어떤 모습일까? 이들이 성장하고 있는 대한민국은 인구 100명당 인터넷 서버 수와 초고속 인터넷 가입자 수에서 세계 1위를 달리고 있다. 인터넷 이용자 수도 세계 3위의 자리를 차지하고 있다. 이들은 PC와 휴대폰을 장난감처럼 가까이 하며 성장해 왔다. 이들 세대가 체험하고 있는 새로운 IT 기술들이 집약된 영화가 바로 〈매트릭스〉이다.*

이처럼 우리 사회는 각 세대가 성장해 온 배경이 엄청난 차이를 보이고 있다. 당연히 세대 간에 생각의 차이가 있을 수밖에 없다. 그러나 따지고 보면 세대 간 차이가 없는 나라는 없다. 문제는 우리 사회의 경우 그 정도가 심하다는 것이다. 아예 생각의 바탕이 다르기까지 하다. 왜 대한민국은 유독 세대에 따라 생각의 차이가 심한 것일까? 세계에서 유례를 찾아보기 힘들 정도의 '압축성장'을 일차적 이유로 들 수 있을 것이다.

---

* 1990년대는 영화 부문에서 산업혁명이 이루어진 시기이다. 비약적인 기술의 발전이 있었다. 아날로그 방식의 기존 영화에 '컴퓨터그래픽'으로 대표되는 디지털 영상기법들이 활용되기 시작한 것이다. 밀레니엄을 코앞에 둔 1999년, 〈매트릭스〉는 "불릿타임 샷 bullet-time shot"이라는 명장면으로 사람들의 입을 떡 벌어지게 만들었다. 이 장면은 이후 수많은 패러디를 양산했다. 날아오는 총알을 피하는 빠른 동작은 고속촬영만으로는 결코 구현할 수 없는 것이었다. 이 동작을 구현하기 위해 120대의 스틸카메라가 동원되었다. 그렇게 확보된 정지된 이미지들이 다시 정밀한 분석과 3차원 컴퓨터그래픽 과정을 통해 하나의 연속 동작 시퀀스로 구성되었고, 이 시퀀스에 무려 1만 2000개의 프레임을 넣었다고 한다. 이를 통해 그동안 육안으로는 볼 수 없던 동작이 부드럽고 자연스럽게 재현되었다고 한다.

서구의 경우는 산업혁명을 통해 농경사회가 산업사회로 전환되었다. 다시 오랜 기간에 걸쳐 산업사회가 성숙된 이후에 지식정보화 사회로 전환되었다. 영국의 경우는 18세기 중반부터 본격적인 산업혁명에 돌입했고, 후발국인 독일과 일본은 19세기 중후반에 산업혁명에 돌입했다. 대략 150~200년의 기간을 거쳐 생산구조가 변한 것이다.

우리나라의 경우 이 모든 것이 불과 30여 년 사이에 일어났다. 1960년대 후반만 해도 대한민국은 농업국가였다.* 그로부터 불과 30년이 지난 1990년대 중반에 대한민국은 '공업화'의 성숙도를 점검할 겨를도 없이 인터넷과 반도체로 상징되는 '지식정보화 사회'로 접어든 것이다.

최근 지구 온난화 현상으로 봄이 짧아졌다. 그러다 보니 예전에 볼 수 없었던 현상을 접하게 된다. 4월 말에서 5월 초에 걸쳐 봄꽃과 여름꽃이 한꺼번에 산과 들에 피어나는 것이다. 말하자면 '퓨전 꽃밭'이다. 우리 사회의 모습도 이와 유사하다. 한 시대라는 꽃밭 속에 10대 소년소녀의 꽃들로부터 80대 노인의 꽃들이 어우러져 있다. 같은 꽃밭에 몸을 담고 있지만 어쩌면 그들은 각자 다른 '매트릭스' 속에서 살고 있는지도 모른다.

---

* 1960년대 후반부터 1970년대 초반에 걸쳐 국가의 운용과 관련하여 중요한 논쟁이 있었다. '농공병진農工竝進이 가능한가?'의 문제였다. 당시의 우리나라는 농업국가를 벗어난다는 것을 상상조차 할 수 없는 상황이었다. 그래서 '과연 농업국가를 유지하면서도 공업국가로도 발전해 나갈 수가 있는가?'의 논쟁이 있었던 것이다. 지금에 와서는 우습게 보일 수도 있지만 당시로서는 심각한 논쟁이었다. 당시의 우리 사회는 농업의 기반조차 제대로 구축되지 않은 상태였기 때문이다.

돼지에게만 맛있는 먹이를 주는 주인

같은 사회를 살아가면서도 서로 다른 '매트릭스'에 속해 있다 보니 역사에 대한 인식도 차이가 크다. 같은 세대의 친구들과도 커다란 인식의 차이를 경험할 때가 있다. 얼마 전 TV 토론에 나온 어떤 교수는 '정신대는 사실상 상업적인 목적을 가진 공창公娼'이라는 취지의 발언으로 국민들의 분노를 샀다. 일제 강점기를 함께 겪은 세대라 해도 그 가치관이 크게 다를 수 있음을 보여준 사례이다.

우리 학계가 일제 강점기에 대해 본격적인 연구를 시작한 것은 1980년대 이후의 일이다. 그전까지는 정통성 시비를 우려한 집권세력 탓에 학문적 연구가 자유롭지 못했는데 '식민지 수탈론'*이 연구의 주류를 이루고 있었다. 그러나 1980년대 중반 이후에는 일본 우익학자들의 연구 결과를 토대로 일부 학자들이 '식민지 근대화론'을 주장하기 시작했다. 일제의 식민통치가 한국의 근대화에 기여했다는 주장이다. 이들은 일본이 소장하고 있는 자료들을 실증적 경제학empirical economics을 통해 정교하게 가다듬었다.

'식민지 근대화론'을 반박하는 학자들은 일제가 식민지 경제를 발전시키려 했던 의도에 주목한다. 그들은 식민지 체제에서의 경제 성장이 어떤 의미를 갖는가를 분석한다. 한 편의 짧은 우화가 이들의 주장을 잘 설명해 준다.

---

* 자본주의의 싹을 틔우려는 조선을 일제가 강점하여 수탈을 목적으로 자본주의를 이식했다는 주장이다.

황소 두 마리와 돼지 두 마리를 키우는 집이 있다. 황소 형제는 날마다 수레를 끌고 밭을 갈며 일한다. 반면 돼지 형제들은 하는 일도 없이 날마다 먹고 논다. 그러던 어느 날부터 주인은 돼지 형제들에게만 맛있는 먹이를 주기 시작한다. 동생 황소가 형에게 달려가 주인을 원망한다. 형 황소는 동생에게 조용히 이야기한다. "주인 딸이 곧 시집을 갈 예정이란다. 잔칫날에 잡으려고 지금 일부러 살을 찌우고 있는 중이야."

이 우화의 의미는 분명하다. 일제가 더 많이 빼앗아가기 위한 목적으로 우리 경제를 성장시키려 했다는 것이다. 주목해야 할 사실은 또 있다. 우리 민족 최대의 비극인 분단과 한국전쟁의 궁극적 원인도 결국은 일본의 식민 지배에 있다는 사실이다.

경험이 다르면 국가에 대한 인식도 다르다

우리나라는 민주화도 빠른 속도로 진행되었다. 정치적 변화가 대한민국처럼 드라마틱한 나라도 없을 것이다. 언론의 자유가 없던 독재시대에서 언론권력의 비대함을 우려하는 민주시대로 바뀌는 데 불과 10여 년이 걸렸다.

서구의 선진국들이 오늘날과 같은 민주주의를 정착시키는 데에는 약 200~300년의 세월이 걸렸다.* 반면 우리나라는 해방을 기점으로

---

* 민주주의의 시발점을 1689년 영국의 명예혁명, 1787년 미국의 독립, 1789년 프랑스 대혁명 등으로 볼 경우이다.

보아도 불과 50여 년 만에 민주주의를 완성했다. 4.19혁명을 기준으로 하면 40여 년인 셈이다. 민주적으로 정부를 수립하고 진정한 의미의 민주주의를 운영하기 시작한 것은 채 20년도 되지 않았다. 그러다 보니 국가나 정부에 대한 개념도 세대와 개인의 경험에 따라 다르다. 이승만 정권으로부터 기나긴 군사독재 시절을 거치는 동안 권력에 순응하며 살아온 사람들에게 '국가'란, 복종해야 할 존재임과 동시에 목숨을 바쳐 지켜야 하는 존재였다. 반면 독재의 횡포에 저항해 온 사람들과 그 과정에서 상처를 입은 사람들에게 '국가'란, 언제라도 개인의 권리를 유린할 수 있는 위험한 권력이다.

국가 권력을 보는 시각의 차이를 보여 주는 단적인 사례가 있다. 2003년 교육행정정보시스템(NEIS)의 도입을 둘러싼 논란이다. 당시 전교조는 NEIS의 도입을 강력히 반대했다. NEIS에 입력된 개인정보가 유출되어 '학생들의 사생활이 침해될 수 있다'는 이유였다. 그런데 대부분의 나라에서는 개인정보가 유출될 수 있다는 우려 때문에 정보화 사업이 중단되는 경우가 없다. 오히려 NEIS는 다른 정보시스템에 비해 지극히 제한된 개인정보만을 담고 있다. 의료보험 정보시스템만 보아도 그렇다. 이 시스템에는 개개인의 건강에 대한 상세한 정보가 입력되어 있다. 누가 언제 어떻게 아팠는지는 물론, 개인과 가족의 병력까지도 상세히 입력되어 있다.*

---

* 경찰청 종합정보시스템도 마찬가지이다. 교통법규 위반으로부터 어음 및 수표 부도 경력 등 다양하고도 민감한, 개인의 위법사실들이 담겨 있다. 신용카드를 통해 입력되는 정보들은 그 이상이다. 며칠 전 구입한 옷, 자주 가는 음식점, 지난밤에 다녀온 술집에 이르기까지 개인의 은밀한 행적과 사적인 습관들이 거대한 정보의 그물망에 담긴다.

개인정보가 유출되면 다양한 폐해가 발생할 수 있다. 그렇다고 해서 이를 곧바로 인권침해로 연결시키는 전교조의 주장은 지나치다는 느낌도 있다. 그러나 우리에게는 지난 날 독재정권이 자행했던 숱한 권력 남용의 경험이 있다. 따라서 그들이 제기하는 정보 남용과 인권침해에 대한 우려가 무조건 잘못되었다고 단정할 수는 없다. 얼마 전에도 국가 권력에 의한 '민간인 사찰' 문제가 정치 쟁점화되었던 현실이다.

필자가 대학생이던 시절에는 시커먼 가죽점퍼 차림의 사람들이 학교 주변을 감시하다가 한밤중에 하숙집에 들이닥쳐 학생들을 폭행하고는 체포 · 연행하는 일이 비일비재했다. 1969년부터 대학을 다니는 4년 동안 '3선개헌 반대 시위', '전태일 분신자살', '교련 반대 시위와 위수령', '국가비상사태 선포', 그리고 '10월유신 선포'를 경험해야 했다. 8학기 가운데 수업이 제대로 이루어진 것은 2학년 1학기뿐이었다. 이처럼 국가 권력의 남용을 경험한 세대가 NEIS를 접하면서 우려와 경계를 표하는 것은 어쩌면 당연한 일일 수도 있다.

그런 시각에서 보면 한미 자유무역협정(FTA)에 대한 찬반 논쟁도 충분히 이해가 된다. 물론 NEIS나 FTA를 둘러싼 논란은 일차적으로 제도 자체를 바라보는 입장의 차이에서 기인한다. 그러나 그 근저를 파고들면 국가와 국가 권력을 바라보는 시각의 차이가 있음을 확인하게 된다.

이처럼 우리나라에서는 역사나 국가 권력을 보는 개개인의 시각이 천차만별이다. 모두 자기 자신만의 프리즘으로 세상을 비추어 보는 것이다.

영화 속에서 만나는 한국 경제의 현실

〈매트릭스〉의 첫 장면. 잠들어 있는 주인공 네오의 컴퓨터 화면에 'Wake up'이라는 문구가 떠오른다. 단순히 잠에서 '깨어나라'는 의미가 아니다. 불교 용어로 말하면 'Who are you?'와 같은 의미이다. 〈매트릭스〉에서는 이러한 '이중 언어'가 곳곳에 등장한다.

'Wake up'은 지금부터 이 책을 통해 전개하려는 생각의 출발점이다. 지금 경험하고 있는 세계가 현실인지 가상인지를 깨달아야 한다. 그렇게 하지 않으면 우리는 허상이 만든 '인공자궁'에서 영원히 벗어날 수 없다. 반대로 우리가 세대와 계층 사이에 드리워진 장벽들을 걷어낼 수 있다면, 전혀 다른 세상과 만날 것이다. 그런 의미에서 이제 우리는 자신의 신념이나 가치관을 한번쯤 되돌아볼 필요가 있다.

지금 우리 사회에서는 농경사회 세대, 산업화 세대, 지식정보화 세대가 동일한 공간, 동일한 시간대에 살고 있다. 여기서 세대 간에 갈등이 발생하고 있다. 국가를 바라보는 인식이 서로 다르다. 역사를 바라보는 관점도 다르다. 천차만별인 각자의 주장을 일목요연하게 정리

"Wake up!"

모피어스는 처음 만난 네오에게 진실을 알고 싶다면 '빨간 알약'을 먹으라고 말한다. 진실과 허구의 세상 앞에서 갈등하던 앤더슨은 빨간 알약을 먹고 네오로 다시 태어난다. 우리 경제에도 진실과 허구가 있다. 어떤 알약을 먹을지는 우리가 선택해야 할 문제다.

해 내기도 어렵다. 경제 문제의 경우는 더욱 그렇다. 국민들이 먹고사는 문제와 관련하여 보수 세력과 진보 세력들이 제기하고 있는 주장들은 옳고 그름과 진실 여부를 판단하기가 결코 쉽지 않다. 때로는 일반 국민들이 이해하기 어려운 '전문용어'가 등장해 상황 파악을 더욱 어렵게 만든다. 일반인들이 그 진정한 의미를 파악하기는 쉽지 않다. 심지어는 정부 당국자도 잘못된 용어를 사용하는가 하면 때로는 교묘하게 국민들을 속이기도 한다.

영화 〈매트릭스〉로 돌아가자. 모피어스는 처음 만난 네오에게 말한다. 진실을 알고 싶다면 '빨간 알약'을 먹으라는 것이다. 그러나 지금까지의 모든 일을 잊고 〈매트릭스〉 내부에서 해커 '앤더슨'으로 살아가고 싶다면 '파란 알약'을 먹을 것을 권한다. 물론 네오는 '빨간 알약'을 선택한다. 그리고 자신이 살고 있는 세상이 〈매트릭스〉가 만든 허구의 세상임을 깨닫는다.

미국 MIT 및 듀크 대학 교수인 댄 애리얼리Dan Ariely는 《상식 밖의 경제학Predictably Irrational》에서 이렇게 말한다. "사람들은 비합리적으로 선택을 하지만 그러한 비합리성은 일정한 패턴을 가지고 있기 때문에 이를 예측할 수 있다. 예측이 된다면 이를 보완할 수 있다." 필자는 이처럼 '프랙탈fractal'의 구조를 나타내고 있는 우리나라의 경제 현실을 정리해 보려고 한다. 애리얼리 교수의 말처럼, 우리 사회에서 제기되고 있는 불완전한 경제적 주장들에 대해 그 오해와 진실myth and truth을 정리해 보려고 한다. '빨간 알약'을 먹고 무엇이 허구의 세상인지를 깨달아 보려는 것이다. 친숙한 영화 속의 장면들이 이야기를 풀어 가는 실마리가 될 것이다. 영화는 곧 현실이기 때문이다.

1

마피아와
재벌의 가족경영

〈대부〉와 재벌개혁 1

〈대부The Godfather〉는 미국의 범죄 집단인 마피아의 흥망성쇠를 다룬 영화로, 프랜시스 코폴라 감독의 3부작이다. '최고의 영화'를 선정하는 다양한 관련 순위에 이름이 빠지지 않는 명화이다. 1972년에 1편이 제작된 이후 40년이 된 지금까지도 영화 애호가들의 입에 오르내리고 있다. 또 수많은 아류작들과 오마주, 그리고 패러디를 만들어 냈을 뿐 아니라 사회 각 분야에 걸쳐 상당한 영향을 준 영화라 할 수 있다.

이 영화를 제작할 당시 프랜시스 코폴라는 31세의 젊은 감독이었고, 마이클 콜리오네 역을 맡은 알 파치노는 그때까지 단 두 편의 영화에 출연한 무명 배우였다. 그러나 두 사람은 이 영화로 영화사에 영원히 이름을 남기게 된다. 1편에서는 미국 동부 지역 최고의 마피아 집단인 "콜리오네 패밀리"의 수장 비토 콜리오네 역을 마론 브란도가 맡아 카리스마 넘치는 명연기를 보여 주었다. 마피아는 이탈리아 시칠리아 혈통의 이민자들이 뉴욕을 기반으로 만든 범죄 집단이다. 이 집단의 가장 큰 특징은 바로 '가족경영family-run'이다. 비토 콜리오네가 죽은 후 아들인 마이클 콜리오네가 '돈Don'*의 자리를 물려받는다. 3편에서는 마이클이 은퇴하면서 자신의 조카인 빈센트(앤디 가르시아)에게 '콜리오네' 성을 붙여 주며 '돈'의 자리를 물려준다.

마피아에게 절대적인 것은 바로 피로 연결된 가족이다. 크게는 '시칠리아' 혈통이다. 조직에서 아무리 빼어난 능력을 발휘해도 피를 나눈 가족이 아니면 '돈'의 자리에 오르는 것이 사실상 불가능하다. 콜리오네 가족에 양자로 들어온 변호사인 톰 하겐(로버트 듀발)은 패밀리 전체의 살림을 도맡아 해결하는 실력자이지만 서열에는 한계가 있다. 혈연관계가 아니기 때문이다. 그는 아일랜드계 독일인 혈통이다.

세계의 용어가 된 자랑스러운 '재벌CHAEBOL'

국제적으로 통용되는 경제 용어 중에 자랑스럽게도(?) 한글 용어가 있다. 'chaebol' 즉 재벌이다. 트러스트trust나 카르텔cartel, 대기업large enterprise, 또는 복합기업conglomerate이 아니다. 고유명사 'the Chaebol'로 표기한다. 영국에서 개최되는 골프 대회를 'the Open'으로 표기하는 것과 같은 이치다. 도대체 왜 이렇게 표현되는 것일까?

독점적 시장지배를 목적으로 하는 동일 업종 내의 기업 결합을 의미하는 것이 아니므로 재벌chaebol은 트러스트나 카르텔과는 다르다. 다각화를 추구하면서도 자금 · 인사 · 경영면에서 일관된 체제에 의

---

* Don은 군주, 선생master이라는 의미의 라틴어 dominus에서 유래한 단어로 시칠리아 출신 마피아 패밀리의 수장에게 붙이는 존경의 명칭으로 쓰인다.

해 움직이고 있다는 점에서 대기업이나 복합기업과도 성격을 달리한다. 과연 근본적으로 다른 것이 무엇일까? 바로 '혈족경영'이다. 피로 맺어진 '가족경영'이다. 그래서 서구 언론에서는 독자의 이해를 돕기 위해, 재벌을 '가족경영 복합기업family-run conglomerates'으로 설명하기도 한다.

우리의 재벌과 비슷한 대규모 경제 집단들은 다른 나라에도 존재한다. 하지만 그 경영 방식과 승세 체제는 재벌과 확연한 차이를 보이고 있다. 우리나라 재벌의 특징은 다음의 세 가지로 설명된다. 첫째, 특정 가족의 혈연적 지배 아래 소유와 경영이 폐쇄적인 형태를 나타낸다. 둘째, 모기업을 중심으로 생산구조와 관련이 없는 다각화를 이루어 여러 시장에 걸쳐 많은 계열 기업들을 소유한다. 셋째, 외형상으로는 독립되어 있지만 산하 기업들 간의 자본 소유 관계 등을 통해 실질적으로는 일관된 체제로 움직이는 기업군을 형성한다.

〈대부〉 3부작 가운데 최고는 2편이라는 생각이다. 필자만의 생각이 아니라 이미 많은 평론가들이 지적을 했고 또 수많은 관객들이 동의를 한 것이다. 2편에서는 마이클 콜리오네가 조직을 확장해 나가는

"이 세상에서 유일한 재산은 바로 자식이다."

조직 내에서 누군가 아무리 뛰어난 역량과 성과를 발휘하더라도 모든 권력과 부는 모두 대부의 자식에게 넘어간다. 마피아의 이런 모습은 우리나라 대기업에서도 자주 볼 수 있다.

과정과, 그의 아버지 비토 콜리오네가 젊은 시절에 뉴욕에서 마피아 조직의 뿌리를 키워 나가는 과정이 "교차 편집"으로 구성되어 있다. 다른 세대의 이야기를 하나의 영화 안에서 완벽하게 보여 주는 코폴라 감독의 연출은 가히 명불허전이다.

흥미로운 것은 마이클의 모습이다. 이제 거대한 범죄 조직이 된 콜리오네 패밀리를 이끄는 수장으로서 카리스마 넘치는 모습이 인상적이지만, 그 이면에는 무능한 형, 말을 안 듣는 여동생, 그리고 자신을 두려워하며 이혼을 원하는 부인과의 문제로 고통을 받는 평범한 가장의 모습이 투영되고 있다. 말하자면 현대를 살아가는 고된 아버지의 모습이 〈대부〉에서도 보이는 것이다. 결국 〈대부〉는 가족을 테마로 한 영화인 셈이다.

그렇다면 우리나라 재벌의 내부는 과연 어떤 모습일까? 잘 알려져 있듯이 우리나라의 재벌들은 개발독재 시대부터 권력자의 비호를 받으면서 성장했다. 정부는 경제 발전이라는 명목으로 특정 기업들에게 국가의 자원을 몰아 주었다. 재정·금융 지원, 세금 감면뿐만 아니라 법률, 제도까지 고쳐 주었다. 그 과정에서 정경유착이 이루어졌고, 재벌들은 기업의 덩치를 키우기 위해 혈족들을 경영에 참여시켜 왔다. 중소기업의 영역이라 할 만한 분야에도 가리지 않고 진출했다.

〈대부〉에서는 각 지역의 패밀리들이 한 자리에 모여 사업의 확장을 논의하는 장면을 종종 볼 수 있다. 카지노 사업권을 비롯해 매춘, 마약 등의 사업에 누가 어느 정도의 지분으로 권리를 가질 것인지 의논한다. 조금이라도 소외되었다 싶으면 그 패밀리는 불만을 표시하곤 한다. 그곳에서도 역시 정치 권력을 등에 업은 패밀리가 중심이 되어 사업권을 나누고, 특정 분야에의 사업 진출 여부를 결정하는 데 큰 영향력을 행사한다. 다만 사업의 경영은 어디까지나 '시칠리아' 혈통을 가진 패밀리에 국한된다. 다른 인종이나 혈통은 배제되거나 아주 미미한 역할만을 맡게 된다. '마약 사업은 흑인들의 거주 지역에서만 하라'는 식의 노골적인 방침도 인상적이었다.

재벌이 형성되고 발전되는 과정에서도 이와 유사한 일이 일어난다. 소규모 시장을 서로 나누어 장사를 하던 중소기업들이 설 땅이 없어지곤 하는 것이다. 〈대부〉 2편에서는 카스트로와 체 게바라가 이끄는 혁명 직전 쿠바 정부의 상황이 그려진다. 이 장면에서 독재 국가들이 외국의 자본과 불법적으로 결탁하는 모습을 엿볼 수 있다. 이를 통해 박정희 독재정권 시절에 외국 자본의 상징인 '코카콜라'가 우리나라에 진출한 상황을 상상해 볼 수도 있다. 당시의 국내법에 의하면 100% 순수 외국 자본은 국내 진출이 불가능했다. 하지만 코카콜라는 이 장벽을 뛰어넘어 한국에 진출하는 데 성공했다.

우리나라 대기업들을 대표하는 단체로 전국경제인연합회(전경련)가 있다. 전경련의 홈페이지를 보면 "전경련은 1961년 민간경제인들의 '자발적인 의지'에 의해 설립된 '순수 민간' 종합경제단체입니다. … (중략)… 설립 목적은 자유시장경제의 창달과 건전한 국민 경제의 발전을 위하여 올바른 경제정책을 구현하고 우리 경제의 국제화를 촉진하는 데 두고 있습니다"라고 되어 있다.

'자발적인 의지'에 의해 설립된 '순수 민간' 단체임을 강조하는 것을 보면 실소가 머금어진다. 1961년 박정희의 5.16쿠데타를 계기로 설립되었다는 오해와 정경유착의 주역이라는 비난을 피하겠다는 의

도로 보인다. 아무튼 사제적私製的 설립인가, 관제적官製的 설립인가의 문제는 중요하지 않다. 1960년대에 기업가 정신에 투철했던 창업주들이 주도하여 국민 경제의 발전을 위해 설립한 전경련은 실제로 한국 경제에 많은 기여를 해온 것이 사실이다. 하지만 50년이 지난 오늘날의 전경련은 그 모습이 사뭇 다르다. 사실상 각 '패밀리'를 대표하는 모임으로 변화된 것이다. 현재의 전경련 회장단은 거의 모두가 가족family을 대표하는 2세, 또는 3세 오너 경영인들이다.

그러다 보니 최근 재벌개혁에 대한 전경련의 반응 또한 실망스럽다. 마치 소규모 직능단체와도 같다. 국민 경제의 상당 부분을 차지하는 거대 기업들의 고민이 느껴지기보다는 자기 이해만을 지키려는 이해 집단처럼 반응하는 모습이 보인다. "올바른 경제정책을 구현하고 우리 경제의 국제화를 촉진하는 데 있다"는 설립 목적이 의심스러울 정도다. 이러한 모습을 볼 때, 전경련부터 개혁하는 것이 급선무라는 생각이 든다. 현재의 전경련은 재벌 가족의 사교클럽으로 남아 있고, 재벌이 아닌 새로운 전문 대기업 단체를 생각해 볼 필요가 있다.

재벌의 모습은 시골 장터의 국밥집

재벌과 대기업은 구분될 필요가 있다. 치열한 국제 경쟁에 맞서 나가기 위해서는 대기업의 국제 경쟁력과 세계 경영이 중요하다. 그러나 재벌은 혈연으로 맺어진 가족경영의 지배구조로 되어 있다. 단순히 지배구조 문제가 아니다. 더욱 심각한 문제는 지배구조를 넘어서는 데에 있다. 아들, 딸, 부인 등 온 가족이 총동원되는 가족경영 자영업자 행태라는 것이다. 시골 장터의 국밥집 수준이다. 아니다. 사위, 며느리, 장인, 장모까지 모두 동원되니 국밥집 수준은 넘어선다.

재벌이 촉수를 뻗친 사업 분야를 보자. 빵집, 커피숍, 꽃집, 파스타, 회전초밥, 꼬치구이 식당, 입시학원, 자동차 정비, 자동차 수입, 중고차 수입, 결혼식장, 꽃가게, 아이스크림 전문점, 통닭, 순대, 떡볶이 가게, 세탁소 등 상상을 초월한다. 가히 문어발 수준이다. 업종의 문제를 넘어서고 있다. 회사를 잘 다니던 직장인이 길을 기던 도중 어떤 할머니의 생계수단인 길거리 좌판이 장사가 잘되는 것을 보고는 그 옆에 그 아이템으로 큰 가게를 내는 것과 똑같은 행위이다. 가족과 친인척에게 일감을 몰아주는 것은 결국 회사(소액주주)가 가져야 할 기회를 사적으로 편취하는 것이다. 불공정의 문제를 넘어서 합법을 가장한 절도와 사기의 수준인 것이다.

우리 사회에는 상대적 박탈감이 만연해 있다. 이 문제는 재벌이 정

"우리(마피아)는 대기업과 같다. 얼마 안 되는 돈으로 많은 돈을 장악하고 세금도 최대한 적게 내고 정부 간섭도 받지 않으니까."

마이클 콜리오네는 길데이 대주교와 어두운 거래를 한다. 마피아 조직의 이미지를 개선하기 위해. 즉 이미지 세탁을 위해서다. 재벌 기업이 사회적 활동을 하겠다며 만든 각종 재단의 궁극적인 목적이 진정 사회적 공익을 위한 것일까?

상적인 대기업 수준을 견지하기만 해도 상당 부분 해소될 수 있다. 능력과 노력이 뒷받침되면 누구나 성공할 수 있다는 것이 자본주의의 미덕이다. 농기 부여는 체세를 유지해 주는 바탕이다. 그런데 부富를 불법 편법으로 세습하는 집단과 불공정한 경쟁을 벌여야 하는 현실에서는, 아무리 돈을 가진 사람들이 정당하게 소비를 해도 일반 국민들은 색안경을 끼고 볼 수밖에 없다. 위화감과 박탈감을 조성하는 중심에 재벌이 있는 것이다.

이렇게 국민에게 신뢰를 주지 못하는 재벌이 과연 언제까지 경제 성장의 논리만으로 살아남을 수 있을 것인가? 재벌들은 재단을 만들거나 기부 행위를 통해서 활로를 찾으려고 하지만 그것은 정답이 아니다. 〈대부〉 3편에서 마이클 콜리오네는 불법적인 사업들을 다른 패밀리에게 물려주면서 자신은 아버지의 이름을 딴 '비토 콜리오네 재단'을 만들려고 한다. 기부를 통해 이미지 세탁을 하려는 것이다.

마이클 콜리오네는 자선사업을 펼친 공로를 인정받아 교황청으로부터 성 세바스티안 훈장을 수여받는다. '콜리오네 그룹'에 드리워진 마피아 이미지를 벗어던지기 위해 평생을 노력해 온 결실이다. 마이클은 콜리오네 그룹을 합법화시키는 마지막 단추를 채우기 위해 바티칸 은행의 수장인 길데이 대주교와 은밀한 거래를 추진한다. 대주교는 유럽 최대 부동산 기업인 '아모빌리아레'의 지분을 매수하는 과정에서 바티칸 은행에 막대한 손실을 입혔는데, 마이클은 교황으로부터 최종 승인을 받는 조건으로 대주교의 이 손실을 탕감해 주기로 약속한다.

일찍이 콜리오네 패밀리로부터 사업권을 물려받았던 다른 패밀리들은 엄청난 이권이 걸려 있는 '아모빌리아레'의 지분 인수에 자신들도 참여시켜 줄 것을 요구한다. 그러나 마이클은 이 사업이 마피아와 연관되는 것을 더 이상 원하지 않는다. 패밀리들을 소집한 자리에서 그는 거액의 라스베이거스 사업 수익금을 분배하면서 그들의 불만을 달랜다. 그리고는 자신과 콜리오네 그룹이 마피아 비즈니스와 영원히 단절할 것임을 선언한다. 하지만 패밀리의 골칫거리인 '조이 자자'는 수익금의 분배 과정에서도 배제되자 '콜리오네를 비롯한 다른 패밀리들과의 전쟁'을 선언하고는 그 자리에 모인 원로들의 대부분을 살해한다. 이를 계기로 마이클은 그토록 벗어나고 싶었던 폭력의 악순환 구조에 다시 발을 들여놓게 된다.

이 장면에서 하나의 가정을 해보게 된다. 만일 마이클이 조이 자자에게도 수익금을 나누어 주었다면 어떻게 되었을까? 또는 '아모빌리아레'의 경영이라는 커다란 파이를 다른 패밀리들과 골고루 나누었다면 어떻게 되었을까? 최소한 이후에 전개되는 비극을 막을 수 있지 않았을까? 충분히 가능한 상상이다. 하지만 현실의 재벌들은 구멍가게조차도 양보하려 하지 않는다. 자신이 다 차지할 수 있는 파이를 함께 나눈다는 생각을 갖기란 결코 쉬운 일이 아닌 듯싶다.

한국 재벌의 문제점은 외국의 유수 언론에서도 보도되고 있다. 최근 영국의《파이낸셜 타임즈》는〈한국: 양분화된 경제〉(2011.05.29)라는 제목의 특집기사에서 "한국의 재벌들은 경제 위기 속에서 시장을 더욱 확대한 반면 경제 성장의 온기는 중소기업이나 가계에 제대로 전달되지 못하고 있다"고 진단하면서 한국 내에서 재벌개혁론이 부상하고 있음을 보도했다.

또 얼마 전에는 프랑스의 유력 일간지인 《르 몽드》가 〈강해진 한국 대기업들이 중소기업들의 숨통을 막고 있다〉(2011.08.10)라는 제하의 기사를 통해 "G20 정상회의까지 개최한 한국에서는 경제 성장에 수반하는 고질적 문제인 '부패', 그리고 중소기업의 영역까지 마구 집어삼키는 거대 기업집단(재벌)의 탐욕이 새로운 명성을 누리고 있다"고 하면서 "재벌들은 돈이 되면 무조건 사업을 벌이면서 중소기업들을 죽이고 있다"고 지적했다.

2

재벌개혁은 헌법 제119조가 아니라 제11조의 문제다

〈대부〉와 재벌개혁 2

헌법 제11조 2항의 '특수계급 인정, 창설 금지'

소수의 패밀리가 지배하는 국가에는 미래가 없다. 1950~60년대만 해도 개발도상국의 모범생으로서 우리나라에 앞서 있던 파키스탄과 필리핀이 계속 정체되고 있는 이유도 여기서 찾을 수 있다. 경제개발을 하는 과정에서 소수의 패밀리가 지배하는 나라가 되어 버린 것이다. 중남미에서도 유사한 사례로 들 수 있는 나라가 적지 않다.

재벌개혁은 단순히 기업의 지배구조 개선을 의미하는 것이 아니다. 또 노동자 계층이 주도하는, 노사 간 분쟁에 대한 개혁을 의미하는 것도 아니다. 이 점을 명확히 인식해야 한다. 재벌개혁이란, '국가경제를 이끌어가는 대기업'이라는 이름 아래 소수의 지분을 통해 그들의 부富는 물론 권력까지 승계하고 있는 족벌과 패밀리(가족), 또 그 패밀리와 결탁한 일부 족벌언론과 족벌정치 계층이 봉건귀족 세력처럼 '세습'되는 것을 막는 일임을 분명하게 인식해야 한다.

여기서 우리는 또 하나 확실하게 인식해야 할 일이 있다. 관계, 법조계에 만연한 그들만의 '신성神聖 리그'이다. 이는 법조계의 전관예우, 모피아의 금융권 장악, 국세청·공정거래위원회 직원의 로펌행, 재벌 기업의 사외이사 취업, 건설 공무원들의 유관기업 취업, 에너지 관련 공무원의 줄서기 등 외부에는 드러나지 않고 은밀히 행해지는 그들만의 '신성 리그'를 말한다. 이들은 자신들의 권력이 세습되지는 않지만, 재벌, 족벌 언론, 족벌 정치가 세습되는 것을 심부름해 준다. 이들은 우리 사회의 밀어주고 끌어주기의 관행을 토착화시켰다.

기득권층의 권력 세습을 바로잡는 일은 어느 시대를 막론하고 역사가 부여한 과제이다. 한마디로 역사의 발전이다. 귀족계급화는 물론 계층의 고착화와 세습을 막아야 사회의 붕괴를 방지할 수 있다. 그래야 보통 시민이 꿈을 꿀 수 있는 사회적 토대가 만들어진다.

최근 정치권에서는 헌법 제119조 2항의 '경제민주화' 조항을 근거로 재벌개혁을 이야기하고 있다. 그러나 엄밀히 볼 때 이 조항은 산업의 지배구조에 대한 이야기로서, '대기업의 폐해'를 지적하는 것이다. 경쟁적 시장 질서를 형성토록 하고, 이를 기능적으로 유지하기 위한 조항이다. 문어발 가족경영으로 인한 '재벌의 폐해'를 교정하려는 것이 아니다. 재벌의 폐해와 대기업의 폐해를 구분하지 못한 데서 비롯된 혼동이다. 가족경영 구조를 지닌 마피아의 폐해를 해결하겠다면서 출자총액제한 제도, 금산분리제, 순환출자 문제를 거론하는 것이나 마찬가지이다.

재벌개혁은 대한민국 경제에서 대단히 중요한 사건이 될 것이다. 그런 만큼 각자의 입장을 떠나서 객관적으로 논의할 필요가 있다. 무조건 강경하게 과거의 규제를 들이대는 것은 신중해야 한다. 일단 시행했던 정책을 포기했을 때에는 나름대로의 이유가 있다고 보아야한다. 특히 출자총액제한 제도의 경우 역대 정부를 거치는 동안 수 차례에 걸쳐 '강화'와 '완화'가 되풀이되었다. 이제 시대에 맞지 않는 무딘 칼이 된 것은 아닌지 냉정하게 짚어 보아야 한다. 나쁜 출자를 제한한다는 명분 아래 좋은 출자까지도 제한하는 우를 범하는 것은 아닌지 살펴보아야 한다. 스마트 폭탄이 날아다니는 현대전에 소리만 요란한 탱크를 등장시킨 꼴이 될 수도 있다. 재벌개혁의 궁극적 목적이 무엇인지 다시 한번 천천히 짚어 보아야 한다.

> 헌법 제119조 ②항: 국가는 균형있는 국민 경제의 성장 및 안정과 적정한 소득의 분배를 유지하고, 시장의 지배와 경제력의 남용을 방지하며, 경제주체간의 조화를 통한 경제의 민주화를 위하여 경제에 관한 규제와 조정을 할 수 있다.

'민주화'라는 용어가 그렇듯이 '경제민주화' 역시 시대 또는 국가의 발전 단계에 따라 그 의미가 달라진다. 서구 사회를 예로 들면, 봉건영주 시대에는 봉건귀족 세력의 해체를 의미한다. 제2차 세계대전 후에는 경영 참가 제도가 경제민주화로 이해되었다. 유고슬라비아 연방에서는 티토가 경영 참가 제도를 도입했는데, 공산국가에서는 이를 수정공산주의로 불렀다. 기업을 국영화하지 않으면서 노동자가 경영에 참가하도록 했기 때문이다.

우리나라에서도 경제민주화의 의미는 정치와 경제의 발전 단계에 따라 다양하게 이해될 수 있다. 군사독재 시대에는 '노조의 자유로운 활동'이 경제민주화의 의미로 여겨졌다. 19세기 말 영국을 풍미했던 점진적 사회주의Fabian Socialism의 산업민주주의Industrial Democracy 개념과 유사하다고 볼 수 있다. 그다음 단계에서의 경제민주화는 '정(관)경 유착의 단절'이다. 정치꾼이나 관료집단이 장사꾼들과 결탁하여 일반 국민의 이익을 침해하는 정(관)경 유착이야말로 우리나라 경제민주화의 암적 존재라 할 수 있다. 이스라엘의 경우도 '혼 브쉴톤 hon v'shilton'이라 불리는 정경유착 때문에 대기업의 폐해가 방치되어 왔다고 한다.

'노조의 자유로운 활동'을 의미하는 경제민주화Industrial Democracy는 군사독재 정권이 막을 내리면서 실현되었다. 물론 완벽한 것은 아니지만 오늘의 현실에서 경제민주화의 목표로 설정할 정도는 아니다. '정(관)경 유착의 단절'을 의미하는 경제민주화는 현재진행형이다. 김

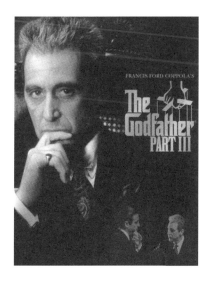

영화 〈대부〉에서 마피아는 적은 돈으로 많은 돈을 장악하고, 세금도 최대한 적게 내며, 정부 간섭도 받는 않는다고 스스로 당당히 이야기한다. 그리고 이런 권력을 자식에게 세습한다. 마피아 영화를 보면서 우리나라 재벌이 떠오르는 이유다.

영삼 정부에서 시행된 금융실명제는 '정(관)경 유착 단절'의 결정적 계기가 되었다. 이후 노무현 정부를 거치는 동안 '정(관)경 유착의 단절'은 거의 실현되었다고 볼 수 있다. 소액주주 운동을 경제민주화로 보는 좁은 의미의 견해도 있다.

결국 경제민주화는 국민이 주인이 되는 경제 시스템을 의미한다. 정치민주화와 같은 개념이다. 오늘날 서구 사회에서의 경제민주화는 정부가 경제정책을 결정하는 과정에 시민사회가 활발하게 참여하는 데 초점을 맞추고 있다. 우리나라에서도 노무현 정부로 접어들면서 경제정책을 포함한 국가 정책의 결정 과정에 시민사회의 참여가 적극적으로 이루어졌다. 이를 위해 정부는 지속가능위원회, 빈부격차 및 차별시정위원회 등 다양한 위원회를 설치했다. 경제민주화에 대한 이해가 부족했던 탓인지 '위원회공화국'이란 비아냥도 나왔었다. 반면 이명박 정부에 들어서는 국가 정책 결정 과정에서 시민사회가 완전히 배제되고 말았다.

거듭 말하지만 우리나라 헌법의 제119조 2항은 재벌개혁과 관련된 조항이 아니다. 재벌의 폐해와 관련된 조항이 있다면 바로 헌법 제11조 2항의 '특수계급 인정, 창설 금지' 조항이다.

> 헌법 제11조 ②항: 사회적 특수계급의 제도는 인정되지 아니하며, 어떠한 형태로도 이를 창설할 수 없다.

대한민국 재벌의 문제점은 부와 권력이 편법 또는 불법으로 피blood를 통해 세습된다는 데에 있다. 즉 '특수계급'의 문제인 것이다.

우리나라에서의 재벌개혁은 왕권과 결합한 시민세력이 봉건귀족 계급을 척결했던 서구 사회의 역사적 사실과 같은 유형이라 할 수 있다. 재벌개혁은 특정 대통령 또는 특정 정파가 단독으로 할 수 있는 일이 아니다. 국민 여론은 물론, 각 정파와 시민사회의 힘이 결합할 때에만 가능한 일이다. 출자총액제한 제도 부활, 금산분리제 강화, 순환출자 금지 등 대기업 지배구조의 문제(헌법 제119조)만이 중요한 것은 아니다. 역사적 가치와 원칙이 그 중심에 있어야 한다. 대한민국 역사의 발전과 관련된 문제(헌법 제11조)이기 때문이다. 너무나 중차대하면서도 어려운 문제이다.

어떻게 하면 가능할까? 〈대부〉에 나오는 대사를 인용해 보자. '절대로 거절할 수 없는 제안'(I'm going to make him an offer he can't refuse)을 내놓는 것이다. 〈대부〉 1편에서 돈 콜리오네 역으로 나오는 마론 브란도의 대사이다. 자신의 양아들이자 유명 가수인 조니 폰테인을 원하는 영화에 출연시키기 위해 또 다른 양아들인 톰 하겐으로 하여금 '제작자가 절대로 거절하지 못할 제안'을 하도록 주문하는 장면이다. 결국 이 제안은 영화 제작자가 가장 아끼는 애마의 머리를 잘라 침대 시트 안에 넣어 두는 것으로 실행에 옮겨진다. 마피아 식 '피의 제안'인 것이다. 이 대사는 미국의 권위 있는 영화 연구소인 아메리칸 필름 인스티튜트American Film Institute(AFI)가 선정한 "역사상 가장 유명한 영화 속 대사 100선"에서 2위를 차지하기도 했다.*

* 1위는 〈바람과 함께 사라지다〉에서 클라크 게이블이 한 "분명히 말하건대, 내 사랑. 그건 내 알 바가 아니오Frankly, my dear, I don't give a damn."이다.

'절대로 거절할 수 없는 제안'

사실 재벌들은 현재도 약자들에 대해 '가격 후려치기' 등 '절대로 거절할 수 없는 제안'을 하고 있다. 그렇다고 해서 재벌개혁을 위해 재벌들에게 마피아식 '피의 제안'을 내놓을 수는 없을 것이다. 그것은 '제왕적 대통령'이 존재한다 해도 불가능한 일이다. 재벌에 대한 대응은 단계적으로 접근할 필요가 있다. 또 대기업과 구분해서 대처할 필요가 있다. 방법이라는 측면에서도 그렇고, 또 목적이라는 측면에서도 그렇다. 재벌개혁은 대통령이 혼자 할 수 있는 일이 아니기 때문이다. 또 경제가 심각한 타격을 입는 일 없이 견뎌낼 수 있는 수준에서 개혁을 해야 하기 때문이다. 무엇보다 국민 경제와 국가의 발전에 기여하는 역할을 구분해서 대응해야 한다. 대기업과 재벌은 분명히 다르기 때문이다.

재벌개혁이란 부富는 물론 권력까지 승계하는 족벌과 패밀리, 또 그 패밀리를 중심으로 결집된 일부 족벌 언론과 족벌 정치세력의 '사회적 특수계급(헌법 제11조)화'를 막으려는 것이다. 특히 국내 시장에서 문어발식 가족경영으로 저임금 비정규직을 양산하는 한편 구멍가게 등 영세 자영업자와 중소기업을 괴롭히는 재벌은 국가적으로도

재벌의 문제는 '피로 맺어진 패밀리 경영'에만 머물지 않는다. 마피아 조직처럼 문어발식으로 세력을 확장하면서 서민들의 골목 상권을 장악하고, 그들의 삶을 피폐하게 만든다.

어떤 경제가 우리를 행복하게 하는가

백해무익하다. 이처럼 국내 시장을 파괴하는 재벌은 일차적으로 '조정'되어야 한다. 반면 세계 시장에서 치열하게 경쟁하고 있는 대기업은 국가와 국민이 도와주어야 한다. 그런 기업들은 경제 성장과 발전의 원동력이기 때문이다.

재벌들의 골목상권 장악 문제는 시급한 문제이다. 공식적인 자료인 〈공정거래백서〉에 따르더라도 최근 3년(2009~2011년)동안 재벌 SSM 3사(롯데슈퍼, 홈플러스 익스프레스, GS슈퍼)의 증가세가 가히 폭발적이다. 가맹점 및 직영점의 개수가 롯데쇼핑은 7개 → 55개, 홈플러스는 131개 → 257개, GS슈퍼는 138개 → 230개로 증가했다.

그렇다면 무엇을 어떻게 해야 할까? 〈대부〉의 대사처럼 재벌이 '절대로 거절할 수 없는 제안'은 '실오라기 하나 없이 발가벗기는' 것이다. 여기에 더하여 새로운 정부(대통령)의 강력한 의지와 시민사회의 참여가 필요하다. 여러 차례 말했지만 재벌의 특징은 피로 맺어진 패밀리 경영이다. 정부는 공식적으로 그 패밀리 경영을 조사 분석하여 공개해야 한다. 거미줄처럼 얽혀 있는 문어발식 패밀리의 실상을 현미경으로 분석한 다음, 이를 인터넷에 공개해 모든 시민들이 알 수 있도록 해야 한다. 많은 시민들이 참여하고 도움을 줄 것이다.

이를 통해 국민들은 빵집을 하는 재벌, 순대집이나 떡볶이 가게를 하는 재벌이 누구인지 알게 된다. 치열한 경쟁을 넘어 '상호 파괴적인 경쟁'으로 소상공인들을 내몰고 있는 장본인이 누군지 알게 된다. 이 과정에서 글로벌 경쟁을 하는 대기업과 국내 시장에서 서민을 괴롭히는 '국내 시장 파괴적' 재벌은 자연스럽게 구분될 것이다. 사생활 보호 등을 이유로 반대 여론이 적지 않겠지만, 시민사회의 참여가 있다면 문제 되지 않을 것이다.

이를 위해서는 '재벌의 가족경영 실태 공개 특별법'(가칭)을 제정해야 한다. 경우에 따라서 이 특별법은 헌법재판소에 위헌 제청될 수도 있을 것이다. 미국 루즈벨트 대통령의 '뉴딜정책' 중에도 위헌 판결을 받은 것이 적지 않았다. 그래도 루즈벨트 대통령은 포기하지 않고 정책을 추진한 결과 다음 선거에서 승리했고, 이를 발판으로 다시 미국을 개조했다.

투명이 곧 권력이다

거듭 말하지만 재벌의 상권 조정이나 개혁은 대통령이나 집권당 단독의 힘으로는 불가능한 일이 된다. 재벌과 대기업을 구분하지 않은 채 그 전체를 상대로 하면 더욱 불가능한 일이다. 그러다 보니 어느 누구도 감히 시도를 하지 않는다. 지금도 '경제민주화'를 선거구호로 내건 대통령후보들이 있지만 재벌에 대해서는 '개혁'이나 '해체'라는 표현을 사용하지 않고 있다.

일본의 경우는 제2차 세계대전 후에 재벌을 해체한 경험이 있는 데 반해 우리나라의 경우는 그런 경험이 전혀 없다는 이야기가 있다. 김대중 정부 시절 외환위기를 극복하는 과정에서 우리도 '재벌해체'와 유사한 경험을 겪기는 했다. 바로 대우그룹과 쌍용그룹이다. 재계 순위 5위 안에 드는 그룹들이었다. 이 사례를 통해 우리 국민들은 김우중 씨가 없어도, 또 대우그룹이 해체되어도, 그룹에 속해 있던 회사들이 제대로 운영되어 나갈 수 있음을 알게 되었다.

국민적 시각에서는 온갖 망나니짓을 일삼는 일부 재벌 2세, 3세가 경영하는 그룹에 대해서는 큰 기대가 없다고 볼 수 있다. 해체된다고 해도 국민들은 큰 걱정을 하지 않을 것이다. 쌍용그룹 해체의 경우도 국민들은 그다지 관심이 없는 편이었다. 반면 창업주가 이끌고 있던 대우그룹의 경우에는 많은 우려를 보낸 것이 사실이다. 당시로서는 김우중 씨가 없는 대우그룹은 상상하기조차 어려웠다. 이제는 현대차그룹의 기아자동차로 바뀐 기아자동차그룹이나, 현대제철로 바뀐 한보그룹도 마찬가지였다.

이러한 경험에 비추어 볼 때 재벌의 해체를 지나치게 두려워할 필요는 없다. 지혜롭게 해결해야 한다. 외환위기 때와 같은 '부도처리 방식'으로는 불가능하다. 글로벌 경영은 하지 않으면서 국내 시장에서 서민을 괴롭히는, 마피아 같은 국내 시장 파괴적 재벌부터 단계적으로 상대해야 한다. 정보 공개의 위력은 생각보다 강력하다. '실오라기 하나 없이 발가벗기는 제안'은 국내 시장을 파괴해 온 재벌을 조정하는 출발점이 될 것이다. 김영삼 정부의 금융실명제는 고질적인 정경유착과 불법정치자금을 근절하는 실마리가 되었다. 금융실명제 역시 결국은 누가 은행을 이용하는지에 대한 정보를 공개한 것이었을 뿐이다. 한마디로 '재벌 실명제'를 실시하자는 것이다. 투명이 곧 권력이다.

아울러 그런 재벌들이 후퇴할 수 있도록 노동의 유연성을 핵심으로 하는 노동개혁도 동시에 추진해야 한다. 물론 노동개혁은 노동자 복지제도를 완비한다는 전제조건이 충족되어야 한다. 현재 논의되고 있는 '고용보험 사각지대(저임금 노동자 등) 축소', '현재의 고용보험 제

도로는 보호할 수 없는 자영업자, 초기 취업 청년층을 위한 실업부조'
의 수준을 넘어서는 복지제도를 의미한다. 뒤에서 말할 4대 국민수요
의 충족도 포함된다.

그래야 비로소 노동의 유연성이 기업주의 권리가 아닌, 노동자의
권리가 된다. 노동자가 직장에서 해고될까 봐 고용주에게 목을 매는
일이 없어야 진정한 노동의 유연성이라 할 수 있다. 이는 사회적 대타
협이 있어야 가능하다. 몇 개의 법률 조항을 고친다고 해결될 문제가
아니다. '글로벌 경영'에 나서는 대기업은 정부와 국민이 도와주고,
사회적 '특수계급'으로 변모한 재벌은 강력하게 제어해야 한다.

대기업에 의한 중소기업 업종 침해 문제도 마찬가지이다. 중소기업
만이 할 수 있는 업종을 정부가 일일이 정하는 것은 불가능하다. 정부
가 중소기업 적합 업종을 선정하는 것도 문제다. 그 업종으로는 영원
히 대기업이 되면 안 된다는 선언이나 마찬가지이기 때문이다. 부작
용도 많다. 중소기업을 괴롭히는 문제도 동일하다. 하청업체나 협력
업체 등 중소기업을 괴롭히는 대기업의 행태와 그 방법도 빠짐없이
공개되어야 한다. 세세하게 조사를 하여 그 결과를 모든 국민에게 알
려야 한다. 정부가 해야 할 일이다.

어떤 경제가 우리를 행복하게 하는가

3

'복지와 성장',
그 끝없는 논쟁의 이면

〈모터사이클 다이어리〉와 복지 포퓰리즘

한국전쟁이 막바지에 이르고 있던 1952년. 남북한이 휴전에 대비하여 한 치의 땅이라도 더 차지하기 위해 치열한 전투를 벌이던 때이다. 우리 국민들은 동족상잔의 비극 속에 헐벗고 굶주리며 죽어가고 있었다. 그 해 지구의 반대편인 아르헨티나에서는 활화산처럼 살았던 에바 페론이 짧은 생을 마감했다. 그리고 훗날 '체 게바라Che Guevara'로 불리게 되는 스물세 살의 젊은 의학도인 에르네스토 게바라가 친척 형인 알베르토*와 함께 구식 오토바이에 몸을 싣고 남아메리카 종단 여행을 떠났다.

여행을 하는 동안 젊은 에르네스토는 보고 느낀 모든 것을 일기장에 담는다. 이 일기장은 책으로 또 영화로 만들어진다. 여행의 벗이었

---

* 체 게바라에게 남미 종단여행을 하자고 권유하고 힘든 여행을 끝까지 같이한 사람은 체게바라의 사촌 형이자 친구인 알베르토 그라나도Alberto Granado이다. 영화가 제작될 당시까지도 쿠바 국립병원 원장으로 재직하고 있었다. 쿠바혁명을 함께 성공시킨 체게바라의 은혜를 갚기 위해 카스트로가 알베르토 그라나도를 원장으로 임명했던 것이다.

던 알베르토는 영화의 제작 과정에 직접 참여했다. 영화는 이들이 거쳐간 험로들을 실제로 답사하면서 일기 속의 내용을 원형에 가깝게 재현했다.

이 여행을 시작할 때만 해도 에르네스토 게바라는 순진하고 고지식한 학생이었다. 남아메리카 사람이라면 누구나 익숙한 춤조차도 출 줄 몰랐다. 게다가 그는 중증 천식까지 앓고 있었다. 넉살도 좋으면서 술과 여자를 좋아했던 동반자 알베르토의 말처럼 '너무 정직해서 문제'인 착한 청년이었다. 이런 청년이 8개월에 걸쳐 남아메리카를 종단하는 무전여행을 하는데, 이 여행을 통해 그는 빈곤과 독재정권 등 남아메리카의 사회 문제에 눈을 뜨기 시작한다. 그리고 서서히 혁명가로서의 자아를 발견하게 된다. 이렇게 한 청년이 변화되는 현장을 보여 주는 영화가 바로 〈모터사이클 다이어리The Motorcycle Diaries〉이다.

경쾌한 아름다움 속, 가슴 아픈 에피소드

이 영화는 다분히 정치적인 주제를 결코 무겁게 처리하지 않는다는 점에서 흥미롭다. 오히려 유머를 적절하게 섞어 가며 시종일관 경쾌하고도 아름답게 이야기를 풀어 간다. 아르헨티나의 농촌 풍경, 눈이 부신 칠레의 설경, 그리고 잉카의 유적 등 남아메리카의 풍경들이 한 폭의 그림처럼 펼쳐지는, 아름다운 영화이다. 영화의 전편에 걸쳐 흐르는 구스타보 산타오랄라Gustavo Santaolalla의 음악은 당장이라도 남아메리카로 떠나고픈 충동을 느끼게 만든다.

이 영화는 이른바 '양극화 문제'를 큰소리로 외치지 않는다. 그러면서도 이 문제가 관객들의 가슴속에 자연스럽게 파고들도록 묘사한다. 이 영화의 묘미이다. 영화에는 가슴 아픈 에피소드들이 많이 담겨 있다. 가족을 위해 힘겹게 일하다가 병을 얻었지만 결국 돈이 없어 의료 혜택을 제대로 받지 못하는 노인의 이야기가 있다. 공산당원이라는 이유만으로 경찰에 쫓기면서 일자리를 찾아 광산으로 떠나는 부부의 이야기도 있다. 일자리를 원하는 사람들을 세워 놓고는 가축의 등급을 매기듯이 사람을 뽑는 광산 회사의 모습 앞에서 관객들은 분노를 느낀다. 물 한 모금 제대로 먹지 못해 비실거리는 사람들이 도살장에 끌려가는 소처럼 광산을 향해 걸어가는 장면에서는 가슴이 먹먹해진다. 그렇게 남아메리카의 각지에서 보고 듣고 경험한 일들이 결국 스물세 살 의학도 '에르네스토'를, 억압받는 민중을 해방시키는 혁명가 '체'로 탈바꿈시키는 밑바탕이 된다.

그런데 여기에 안타까운 사실이 하나 있다. 그토록 아름다운 대륙에 살고 있는 사람들 가운데 상당수가 무려 60년이 지났음에도 불구하고 지금도 여전히 당시의 생활 수준에서 크게 벗어나지 못하고 있

"이 강이 건강한 사람과 병자를 갈라놓고 있다."

에르네스토는 나환자촌과 건강한 사람들이 사는 마을을 가르는 강물을 바라본다. 그리고 그 강을 맨몸으로 헤엄쳐 건넌다. 강을 잇는 것, 강을 자유로이 오가는 것, 그것이 에르네스토가 꿈꾼 분열의 종식이고 화합의 상징이다.

어떤 경제가 우리를 행복하게 하는가

다는 사실이다. 무려 60년이 지났음에도 불구하고……. 또 하나 충격적인 사실이 있다. 바로 그런 일들이 국민소득 2만 달러를 넘어선 우리나라에서도 벌어지고 있다는 사실이다. 더욱 심화되고 있는 '양극화 문제'이다. '양극화'로 인해 우리나라에서도 '복지'가 가장 중요한 사회적 화두로 부각되고 있다. 그러나 해결 방법에 관련해서는 소모적인 정치적 대립만 있을 뿐이다. 안타까운 일이다.

최근 우리 사회에서는 보수 진영과 진보 진영이 성장과 복지의 관계를 놓고 대립하고 있다. 정치적 구호도 '성장 없는 분배는 없다', 또는 '분배 없는 성장은 안 하느니만 못하다'는 식으로 단정한다. 그러나 복지에 관한 논쟁은 그렇게 이념적 대립의 차원에서 간단히 정리할 수 있는 문제가 아니다. 성장과 분배의 상호관계에 대한 논쟁은 역사적, 정치적 배경을 가지고 있다. 이념의 문제까지 겹쳐져서 명쾌한 해답을 구하기가 더욱 힘든 문제이다.

복지와 성장을 두부처럼 일도양단?

복지 논쟁의 역사적 배경을 살펴보자. 서구 사회는 1929년의 세계대공황과 제2차 세계대전을 거치면서 중산층의 붕괴와 파시즘, 민족주의로 무장한 전체주의의 출현을 겪는다. 이를 통해 인류 문명이 순식간에 파괴될 수도 있다는 위기의식을 갖게 된다. 또 이 과정에서 자본주의의 시장실패market failure가 초래할 수도 있는 파국의 가능성을 인식하게 된다. 서구 사회는 공황의 위험성을 경계하여 국가의 시장 개입을 모색하게 되는데, 결국 사회 통합을 구현할 수 있는 최적의 대안은 사회민주주의를 바탕으로 한 복지국가 개념이라고 생각한다. 이러한 역사적 배경을 가지고 탄생한 복지국가들은 전후 세계 경제의 황금기를 구가하게 된다.

이처럼 안정적으로 관리되던 복지국가 체제는 1970년대 초의 석유 파동oil shock을 기점으로 정당성의 위기를 맞는다. 인플레이션이 두드러지면서도 경제 성장이 둔화되는 소위 스태그플레이션stagflation 이 나타나기 시작한 것이다. 이를 계기로 복지국가 체제가 사회 전체의 활력과 경제 성장을 저해할 수 있다는, 자유주의적 비판 논리가 전면에 등장한다. 간단히 말하면 노동자가 일을 하지 않으면서도 사회 복지 급여를 받기 때문에 노동 시간이 줄어드는 한편 노동의 동기도 약해져 국민 경제의 활력이 떨어진다는 논리이다.

나아가 가족의 해체를 유발해 노인 단독가구나 여성 세대주 가구의 증가를 가져오고, 이것이 결국 복지 의존welfare dependency을 높이게 된다는 것이다. 또 높은 조세 부담 때문에 저축할 수 있는 가처분소득이 줄어드는 한편, 사회적 위험에 대한 사회보장이 철저하므로 개인의 저축 동기는 감소된다는 논리이다. 결국 낮은 저축률로 인한 낮은 투자율이 생산성의 저하를 초래하고 이는 국민 경제의 총생산이 줄어드는 결과를 가져온다는 주장이다.

한마디로 복지국가는 자본주의의 작동 원리인 '동기 부여'를 배제한 시스템이라는 이야기이다. 이러한 비판에 대한 반대의 논리는 무엇일까? 무엇보다도 '권리로서의 기초적인 보장'이다. 오늘의 시대는 같은 사회에서 생존하면서 기초적인 생활을 누리는 것을 최소한의 권리로 보는 사회적 권리social right의 시대이다. 그리고 이를 보장해 주는 주체는 당연히 국가가 되어야 한다는 논리이다.

평소의 우리는 은퇴 후에 무엇을 할 것인지, 또 그것을 위해 어느 정도의 재산이 필요할 것인지 계산을 하고 있지는 않다. 그런 개인의 불확실성을 국가가 어느 정도 예측해 주면서 효율적으로 대처할 수 있도록 만드는 제도적 기반이 바로 사회보장제도라는 것이다. 고소득자는 스스로 위기에 대처할 수 있지만, 저소득자는 그렇지 못하기 때문에 국가가 최소한의 보호를 해주어야 한다는 것이다. 이처럼 복지제도가 잘 구비되어 있어야, 기업도 안정적인 노동시장의 환경 속에서 신속하고 효율적으로 구조조정을 할 수 있게 되어 결국 성장에도 도움이 된다는 '유연성 이론'도 제시된다.

무엇이 옳은 것일까? 왜 사회는 둘로 나뉘어 끝없는 싸움만 계속하는 것일까? 좌파이든 우파이든, 부자이든 가난한 사람이든, 서로를 인정하면서 당면한 문제들에 대해 유연하게 대처할 수는 없는 것일까? 성장과 분배는 두부 자르듯이 구분할 수 있는 개념이 아니다. 일도양단의 대상이 아니다.

영화 〈모터사이클 다이어리〉에서도 이와 같은 장면을 볼 수 있다. 에르네스토와 사촌형 알베르토는 나환자촌에서의 의료 봉사에 열중하다가 미사에 참석하지 못한다. 그러자 나환자촌을 관리하는 수녀는 그 벌로 이들에게 밥을 주지 않는다. 나환자촌 사람들은 환자이든 의사이든 의무적으로 미사에 참석해야 하기 때문이다. 에르네스토는 "예수님이라면 이렇게 하지 않았을 것"이라며 항의한다. 수녀는 그 말을 듣고도 '규칙은 규칙'이라면서 끝내 밥을 주지 않는다.

에르네스토의 억울함을 능히 짐작할 수 있다. 봉사 활동에 열중하느라 미사에 참석하지 못한 것인데 밥까지 얻어먹지 못한 것이다. 물론 수녀는 관리자의 입장에서 모두에게 동등하게 규칙을 적용해야 한다고 믿었을 것이다. 그러나 에르네스토의 말처럼 예수님이라면 적어도 약간의 융통성을 발휘하지 않았을까 하는 아쉬움이 남는다. 그러면 미안한 마음에 다음 번 미사에는 꼭 참석해 더욱 열심히 기도를 했을 것이고, 모두가 만족하는 결과가 되었을 수도 있다. 종교적인 의미로써가 아니라, 지도자는 바로 '예수'의 이런 마음으로 국민 모두를 보듬어야 한다.

'포퓰리즘' 비판에 앞서 정확한 의미부터

〈모터사이클 다이어리〉에서 가장 아름답고 감동적인 대목이 있다. 에르네스토가 나환자촌에서의 봉사활동을 마치고 마지막 밤을 보내는 장면이다. 이 날은 마침 에르네스토의 생일이다. 나환자촌 건너편에는 수녀들이 생활하는 건물이 있는데, 에르네스토는 이곳에서 병원 직원들과 어울린다. 먹고 마시고 춤도 추면서 흥거운 시간을 보낸다.

그러다가 갑자기 에르네스토는 건물에서 나와 강 건너에 있는 나환자촌으로 가겠다고 한다. 마침 부두에는 배가 없다. 나환자촌으로 가려면 헤엄을 쳐서 강을 건너야 한다. 강은 수영으로 건너기에는 폭이 상당히 넓다. 또 칠흑처럼 어두운 밤이다. 알베르토가 '도대체 제 정신이냐?'며 에르네스토를 만류하지만, 그는 '나환자촌 사람들과도 파티를 해야 한다'며 결국 강물로 뛰어든다.

나환자촌 사람들은 힘겹게 물살을 가르면서 오는 그를 발견하고는 모두 강가로 달려 나온다. 천식까지 앓고 있는 에르네스토가 헤엄치는 모습을 보자 나환자들은 모두 소리를 지르며 응원한다. 에르네스토는 마침내 무사히 강을 건너 환자들의 품에 안긴다.

소름이 돋을 정도로 아름다운 장면이다. 이 강은 병든 나환자들을 갈라 놓는 '분열의 강'이다. 그런데 에르네스토가 몸을 던져 강을 건너면서 '분열의 강'은 바로 '화합의 강'으로 탈바꿈한다. 마술이나 다름없는 순간이다.

이 장면에서 또 하나의 상상을 해본다. 분열이라는 이름의 강에 화합이라는 이름의 다리를 놓는 것은 결코 쉬운 일이 아니다. 혼자 강에 뛰어드는 것은 힘들고 버거운 일이다. 그러나 양쪽 강변의 사람들이 모두 강물에 뛰어들어 서로의 몸을 잡아 준다면 순식간에 강을 건널 수도 있다. 화합은 노력한 만큼 빨리 이루어질 것이다.

〈모터사이클 다이어리〉가 표현하고 있는 양극화는 단순히 소득분배만의 문제가 아니다. 우리는 〈모터사이클 다이어리〉가 소리 없이 외치고 있는 양극화의 모습에도 관심을 가져야 한다. 이를 위해서는 서로의 말에 귀를 기울여야 한다. 에르네스토가 영화 속에서 말하듯이, '실체 없는 분열과 불확실한 국가 정체성은 결코 현실로 두어서는 안 된다'는 뜻이다.

국민적 합의를 거쳐 시행하려는 체계적인 복지 지출에 대해서도, '포퓰리즘populism', '공짜점심free lunch' 등과 같은 전문용어를 동원하여 매도하는 경우가 많다. 용어를 정확하게 사용하지 않으면 그것은 결과적으로 대중을 속이는 것이다.

복지 지출을 포퓰리즘으로 공격하는 경우, 아르헨티나의 페론 정부를 예를 들곤 한다. 포퓰리즘을 '부와 권력을 이용한 인기영합주의'로 규정한다면 60년 전에 등장했던 아르헨티나의 페론 정부는 그 본보기라 할 수 있다. 특히 에바 페론이 권력을 이용하여 재단을 설립한 뒤 자선 행위를 한 것을 대표적인 사례로 볼 수 있다. 페론 정부가 시행한 복지 지출은 체계적인 사회안전망으로 보기 어려웠다. 장기적 안목으로 접근하는 양극화 해소와도 거리가 먼 것이었다. 그의 정책은 단순히 자신의 인기를 유지하기 위한 수단이었고 일시적인 자선에 불과했다.

아르헨티나는 세계 상위의 선진국이었지만 장기적인 경제침체로 끝없는 추락의 길을 걸었다. 이 경제침체의 주요 원인은 복지 지출의 증가가 아니었다. 문제는 복지 지출을 장기적인 계획 하에 체계적으로 진행한 것이 아니라 일시적인 인기 영합 수단으로 활용했다는 데에 있었다. 더 중요한 원인도 있었다. 국내의 이해 관계자들을 보호하기 위해 수입 대체를 경제 발전 전략으로 선택한 것이었다. 수입 제한은 국제 경쟁력의 약화를 가져왔고, 결과적으로 외국 자본의 지배를 초래하고 말았다.

"이번 여행에서 아메리카 대륙의 실체 없는 분열과 불확실한 국가 정체성은 현실이 아니라는 것을 확인할 수 있었습니다."

우리는 〈모터사이클 다이어리〉가 소리 없이 외치고 있는 양극화의 모습에 관심을 가져야 한다. 영화 속에서 말하듯이, 실체 없는 분열과 불확실한 국가 정체성은 결코 현실로 두어서는 안 된다.

어떤 경제가 우리를 행복하게 하는가

〈모터사이클 다이어리〉는 아이를 키우는 젊은 부부에게도 권하고 싶은 영화이다. 자식의 장래를 부모의 뜻이나 규격, 상상에 맞추지 않기를 바라는 뜻이다. 체 게바라가 평범한 의사로 성장하는 것이 좋은 일이었는지, 아니면 혁명가로 성장하는 것이 좋은 일이었는지는 아무도 모른다. 체 게바라가 남아메리카 종단 여행을 떠나기 직전 아르헨티나의 부모님 집에서, 그동안 여행을 반대하던 가족들과 작별인사를 할 때, 그의 아버지가 했던 말이 뇌리에 남아 있다. "나도 나이만 젊다면 같이 가고 싶구나."

용어의 속임수를 간파하면 진실이 보인다

국가는 경제·사회적으로 지속 가능한 범위 내에서 국민들의 노후, 의료, 교육, 실업, 주택 등을 보장하여 인간답게 살 수 있도록 해야 한다. 그것이 바로 현대 국가가 존속하는 이유이다. 국가나 사회가 복지를 체계적으로 제도화하여 제공하지 않고 그때그때 시혜를 베풀 듯이 제공하는 것이 '인기 영합을 위한 포퓰리즘'이다. 이러한 유형의 포퓰리즘은 개인에게서도 나타나는데 권력의 힘이나 부富의 힘을 활용하기도 한다.

권력의 힘을 이용한 사례로는 앞서 말했던 아르헨티나의 에바 페론이 있다. 에바 페론은 복지제도를 도입한 것이 아니라 재단을 설립한 후 개인적 인기를 위해 돈을 뿌렸다. 남아메리카 국가들의 경우 과도한 복지 지출 때문에 경제가 어려워진 것으로 호도되는 경우가 적지 않다. 남아메리카는 오히려 국가적 사회적 차원의 체계적인 복지제도가 구축되어 있지 않다. 이로 인해 개인적인 성취 기회와 사회적 상향 이동성upward social mobility이 극도로 폐쇄되어 있다. 그것이 경제 발전에 걸림돌로 작용하고 있는 것이다.

공짜점심 또는 무임승차*라는 용어가 있다. 이는 우리나라가 1997년 외환위기를 겪을 당시 유행했던 '도덕적 해이moral hazard'라는 용어와 일맥상통하는 것이다. 과연 우리 사회에서는 어떤 경제주체, 또는 어떤 계층이 무임승차를 가장 많이 하고 있을까? 정부, 기업, 소비자(일반 국민)로 구분되는 경제주체들 가운데 어디에서 도덕적 해이가 가장 많이 발생할까? 계층으로 나누어본다면 복지 수혜가 필요한 서민 계층일까? 아니면 세금을 많이 내야 하는 고소득 계층일까?

이러한 의문들에 대해 일일이 대답할 능력이 필자에게는 없다. 객관적으로 뒷받침 할 수 있는 통계자료도 없다. 필자가 여기서 이야기하고자 하는 것은 각 주체와 계층이 지닌 윤리의식의 주관적인 높낮이가 아니다. 도덕적 해이를 행할 여력이 있는지의 여부, 나아가 이러한 도덕적 해이가 사회적으로 얼마나 많이 발생되고 있는지가 중요하다고 생각한다.

양극화 논쟁에서 자주 인용되는 또 다른 사례는 바로 유럽식 과잉 복지 지출이다. 유럽의 많은 나라들은 과도한 복지 지출을 감당하지 못해 재정 운용 면에서 어려움을 겪고 있다. 이 점을 주목하여 일부에

---

* 공짜점심이라는 용어는 밀턴 프리드만이 기회비용opportunity cost 개념을 설명하기 위하여 처음으로 사용한 말이고, 무임승차는 요금을 지불하지 않고 차량에 탑승하는 행위지만 경제학적 의미로는 재화나 서비스가 제공하는 혜택에 상응하는 대가를 지불하지 않고 해당 재화나 서비스를 이용하는 행위를 일컫는다.

서는 유럽의 위기를 교훈으로 삼아 우리나라도 복지 지출을 증가시키는 데 신중해야 한다는 주장을 편다. 재정 당국의 입장에서 반드시 참고해야 하는 사례임에는 틀림이 없다. 그러나 남아메리카의 포퓰리즘이 그러하듯이, 유럽의 사례를 우리나라와 비교할 때에는 조심해야 할 필요가 있다.

유럽과 우리나라는 복지 지출 규모 면에서, 비교하기 쑥스러울 만큼 많은 차이가 나기 때문이다.* 과도한 영양 섭취로 비만이 된 사람은 조금씩 체중을 줄이려는 노력이 필요하지만, 영양실조로 인해 평균 체중에도 미치지 못하는 사람이라면 서둘러 영양을 섭취하여 건강을 회복하는 것이 중요하다. 유럽 선진국과 우리나라의 경우도 이와 같다. 유럽의 과도한 복지 지출은 어느 정도 다이어트가 필요한 상태이다. 하지만 우리는 복지 지출을 늘려 하루빨리 영양결핍 상태에서 벗어나야 하는 상황이다.

더 이상 물은 넘쳐흐르지 않는다

무엇보다 중요한 점이 있다. 현 시점의 우리나라는 '성장'만으로 결코 '분배'를 향상시키지 못한다는 점이다. 1990년대 후반을 넘어서면서부터 우리나라에서는 성장과 분배가 불일치miss match되고 있다.

---

* 우리나라의 공적사회 지출 비율은 2001년에 GDP 대비 6.1%에서 2005년 8.6%로 증가했다. 그러나 스웨덴 28.9%, 독일 27.4% 등 유럽 복지국가에 비하면 매우 낮은 수준이며, 멕시코의 11.8%에도 미치지 못하고 있다. 전체 예산에서 차지하는 복지 지출의 비중도 2005년 26.6%로 OECD 평균 51.7%의 절반 수준에 불과하다.

성장의 과실이 아래까지 골고루 나누어지는 낙수효과trickle down가 15년 동안 실종되어 버린 것이다.

우리나라는 1960~1970년대의 개발연대 초기에는 물론, 1990년대 중반까지도 성장을 하면 분배 문제도 함께 해결이 되었다. 성장을 통해 일자리 문제가 해결되었다. 성장의 추진동력이 수출이든 대기업이든 큰 상관이 없었다. 그러던 우리나라가 1990년대 중반부터 달라졌다. 경제 발전 단계상 당연한 결과이다.

아래의 그래프는 통계청 자료를 이용하여 재작성한 것인데, 1990년대 중반부터 성장과 분배가 불일치되면서 낙수효과가 실종되고 있음을 보여 주고 있다.

국민총생산과 하위 20% 소득점유율

자료: 통계청 자료를 인용하여 재작성한 것임

➤ 하위 20% 소득점유율(좌%)
- - - 국민총생산(우, 조원)

'성장과 분배의 불일치', 그리고 '낙수효과의 실종'은 양극화를 심화시키고 있다. 다음 쪽의 그래프에서 보듯이 1992년까지는 추세적으로 하위 10%의 소득 점유율이 높아지는 반면, 상위 10%의 소득 점유율은 낮아지는 방향이었다. 즉 가난한 사람들의 소득이 차지하는 비중은 증가하고 부자들의 소득이 차지하는 비중은 낮아지는 추세였다.

그러나 1993년부터는 추세적으로 하위 10%의 소득 점유율이 낮아지고 상위 10%의 소득 점유율이 높아지면서 부익부 빈익빈 현상이 발생했다. 이러한 양극화 현상은 그 정도가 더욱 심삭해시고 있다.

도시 2인이상 가구 소득점유율

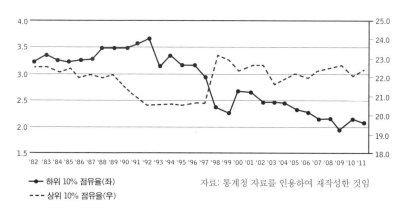

자료: 통계청 자료를 인용하여 재작성한 것임

더욱 중요한 문제는 일자리가 창출되지 않고 분배가 개선되지 않는 차원을 넘어서 이러한 현상이 성장의 장애 요인으로 등장했다는 데 있다. 여기서 우리는 유럽의 위기를 남유럽과 서북유럽으로 구분하여 살펴볼 필요가 있다.

독일, 덴마크, 네덜란드, 스웨덴 등 서북유럽 국가의 복지 지출은 지속적인 성장을 유지해 주는 중요한 요인 가운데 하나라고 할 수 있다. 사회보장제도가 잘 갖춰진 북유럽 국가들의 고용률을 보면 이러한 사실을 확인할 수 있다. 공적 사회 지출이 높은 이들 나라에서는 고용률이 다른 주요 선진국들보다 높게 나타난다. 이러한 사실은 복지가 성장을 담보하고 나아가 일자리를 창출하는 효과를 내고 있음을 보여 준다.

우리나라는 대외의존도가 GDP 대비 100%(2010년 경우)를 넘는다. 극도의 대외의존 국가인 것이다. 이러한 우리나라의 현실에서 서북유럽 국가들은 중요한 참고 사례가 된다. 독일(88%)이나 영국(63%) 및 북구의 경제권처럼 대외의존도가 높은 우리나라에서는 대외경쟁이 치열하고, 그만큼 국제 경제 환경에 따라 기업의 부침이 극심하다. 대외의존도가 낮은 미국(29%), 일본(25%)과는 다르다. 국민 경제와 노동자들이 처한 국제 경제의 환경이 다른 것이다.

노동의 유연성은 노동자의 권리이다

노동자들의 직업 안정을 도모하는 한편 기업을 위해 노동의 유연성을 확대하기 위해서는 노동자들의 생활을 안정시키기 위한 정부 지출이 필수적이다. 그래야 노동자들이 고용주에 목을 매지 않는다. 기업은 국제 경쟁에서 자유로워진다. 노동자들의 생활 안정은 기업과 국민 경제가 지속적으로 성장하는 데 반드시 필요한 요소이다. 남유럽의 경우 재정을 확보하지 않은 상태에서 복지 지출을 적절히 조절하지 못한 결과로 재정위기를 겪은 것일 뿐, 복지 지출 자체가 국가 경제의 발전에 해악을 끼친 것은 아니다. 체계적이고 종합적이며 성장 친화적인 복지 지출은 문제가 될 수 없다. 정치적 표를 의식한 단편적인 복지 지출이 문제인 것이다.

국내 시장에서 중소기업과 영세 자영업자들을 괴롭히면서 문어발 경영을 하고 있는 재벌들의 업종을 살펴보자. 슈퍼마켓, 단체급식, 식당, 커피숍, 꼬치구이, 영어 입시학원, 결혼식장, 아이스크림 가게 등등이다. 이 업종들의 특징은 과연 무엇일까? 대부분의 직원들이 비정규직이거나 아니면 인력회사에서 파견 나온 사람들이다. 우리나라의 아웃소싱은 세계 최고 수준을 자랑하고 있다.

패밀리의 입장에서 보면 주저할 이유가 전혀 없는 일이다. 자금력만 있으면 언제라도 개업할 수 있고 경쟁에서 승리할 수 있다. 규모도 마음대로 정할 수 있다. 인력은 인력회사를 통해 무한정 공급 받을 수 있다. 고급 인력도, 기술력도 필요 없다. 경영도 아주 쉽다. 절대 실패하지 않는다. 쥐어짜기만 하면 된다. 납품업체를 쥐어짜든 인력회사를 쥐어짜든 아니면 중소 경쟁자를 규모의 경제로 제거하면 된다.

이런 업종들의 경우 기업주 입장에서 볼 때 가장 골치 아픈 노조 문제가 없다. 해고당했다고 크레인에 올라가 농성하는 일도 없다. 아니, 해고할 필요도 없다. 인력회사에 일방적으로 통보만 해주면 된다. 주변에 널리고 널린 것이 이런 인력회사이다.

이런 재벌들에게도 빠져나갈 구멍을 마련해 주어야 한다. 노동의 유연성은 글로벌 대기업의 국제 경쟁력을 향상시키기 위해서도 필요하지만, 국내에서 시장 파괴적 문어발 가족경영을 하는 재벌의 퇴출을 위해서도 필요하다. 물론 노동의 유연성은 노동자 복지제도의 완비가 그 전제조건이 된다. 노동자가 고용주에게 목을 매지 않도록 해야 한다. 노동의 유연성은 고용주가 아닌 노동자의 권리가 되어야 한다. 결국 경제 성장의 패러다임 전환은 사실상 재벌개혁 및 노동개혁과 같은 사안인 것이다.

한국에서 되풀이되는 일본의 과오

이웃 나라인 일본에 대한 이야기도 있다. 그동안의 과다한 복지 지출로 인해 재정이 파탄나고 엄청난 국가 부채에 시달리고 있어 위험하다는 것이다. 일견 맞는 말이다. 그들이 주장하는 바는 이렇다. 예를 들면, "일본은 1999년도에 국민 1인당 2만 엔씩 상품권을 뿌리고 양육수당 등을 제공한 결과 빚더미에 허덕이게 되었다"거나 "일본 민주당은 2009년 중의원 선거에서 자녀양육수당, 고교 무상교육, 고속도로의 무료통행 등 3대 무상복지 정책을 제시하여 집권에 성공했지만, 재원을 확보하는 데 실패하여 실행에 옮기지 못했는데 결국 복지 포퓰리즘으로 집권한 것"이라는 주장들이다.

그러나 이러한 주장들은 잘못된 것이다. 일본의 경제정책 내용을 매우 피상적으로 파악한 데서 비롯된 오류이다. 일본의 국가 재정 부실화는 과도한 복지보다는 경기 대응 정책의 실패에서 찾아야 한다. 1980년대에 세계에서 가장 건실한 재정으로 주목받던 일본은 1990년대 이후 가장 국가 부채가 많은 나라로 전락했는데, 이는 버블 붕괴의 후유증이라 할 수 있다. 즉 1992년부터의 소위 '잃어버린 10년' 동안 성장률 정체와 물가 하락의 악순환을 재정 지출의 확대로 대응한 결과이다.

일본은 제2차 세계대전 후 '모든 국민은 연금을 받는다'라는 기치를 내걸고 복지국가의 모범임을 자랑했다. 그런데 세월이 흐르면서 일본은 점차 저출산고령화 국가로 변모되었으나 연금개혁도, 조세개혁도 이루어 내지 못했다. 더욱이 경기침체를 극복하기 위해 산업국가적인 태도를 취함으로써 재정이 더욱 악화되었다. 사실 고령화로 인한 연금 지출의 증대는 그 자체로 과도하다고 할 수는 없다. 문제는 비효율적인 대책을 세워 재정이 바로 대응할 수 없게 되었다는 것이다.

일본의 경우는 과도한 복지의 문제라기보다 성장과 복지의 균형을 맞추지 못한 사례로 보아야 한다. 1990년대 초반부터 국가 구조를 산업국가에서 복지국가로 전환하고 민주당이 도입하고자 했던 유럽 일반 수준의 프로그램을 조기에 도입했다면, 미래의 불확실성을 크게 감소시킴으로써 경제침체에서 신속하게 벗어나 오늘날과는 다른 경제적 상황을 맞이할 수도 있었을 것이다.

일본은 1993년부터 대규모 추경예산을 편성하여 도로, 항만, 공항 등 공공투자 사업을 대대적으로 추진하는 등 경기부양을 시도했다. 일본 중앙정부의 예산 가운데 공공투자 사업비 비중은 1993년 이전의 경우 10~15% 수준이었으나 1993년의 19.6%를 시작으로 1999년까지 높은 수준을 유지했다.* 그러나 대규모 공공투자 사업은 과거처럼 고용을 창출하고 투자를 유도하면서 경기침체를 벗어나게 하는데 기여하지 못했다. 오히려 과잉 중복 투자로 재정의 부실만 초래했다. 산간벽지까지 도로를 촘촘하게 닦아 놓았지만 사람 하나 다니지 않는 도로가 태반이라는 것이다.

적자 재정을 통한 대규모 공공사업의 추진에도 불구하고 1992년부터 2001년까지 일본 경제의 성장률은 1996년(2.7%)과 1998년(2%)을 제외하고는 1%대의 침체를 벗어나지 못했다. 이러한 사실은 우리

---

* 독일, 영국 등 유럽 선진국의 공공투자 사업비의 비중이 5-7% 수준임을 감안할 때, 일본의 예산 규모(1993년 724조 엔, 우리나라 2011년 예산의 241배)의 20%를 투입한 것은 천문학적 규모라고 할 수 있다.

에게 시사해 주는 바가 큰데, 2008년 미국의 금융 위기로부터 시작된 경기침체를 이명박 정부가 4대강 사업을 통해 해결하려고 시도한 것과 매우 유사하기 때문이다. 한국 경제의 발전 단계로 볼 때, 1990년대 일본의 경제정책을 펼쳐서는 안 된다는 점을 인식하지 못했던 것이다. 일본의 실패를 보다 면밀하게 분석하여 타산지석으로 삼아야 했는데, 오히려 일본의 실패를 따라간 셈이 되었다. 1970~80년대에, 이미 실패했던 정책임을 깨닫지 못한 채 일본의 주택 정책을 그대로 따라했던 것과 동일하다.

일본의 재정 파탄 문제에 대해 우리는 사실을 정확하게 직시해야 한다. 복지 지출이 일본의 재정 파탄을 야기했다는 것은 논리의 비약이다. 이미 1990년대 중반 이후 공공투자 사업과 금융안정화 사업 비용의 지출 때문에 구조적인 재정적자 기조가 정착되었다는 사실을 도외시한 주장이다. 일본의 복지 지출은 다른 선진국에 비해 여전히 낮은 수준이라는 사실을 주목해야 한다.

일본형 경기침체의 원인은 오히려 소극적인 복지 지출에 있다고 볼 수 있다. 즉 서구의 국가들과는 달리 교육 · 의료 등을 모두 개인이 해결해야 하는 상황인 만큼, 국민들이 노후에 대한 불안 때문에 저축만 하게 되면서 소비가 줄고 물가가 하락하는 악순환에 빠진 것이다. 지금이라도 일본은 유럽 선진국에 비해 비중이 큰 SOC 사업비를 낮추는 대신, 낮은 수준의 복지 지출 비중을 높여야 한다. 아울러 유럽 주요 국가에서 시행되고 있는 3대 무상공약*을 실시하는 과감한 재정 구조 개혁을 추진해야 한다.

일본은 20년의 세월을 허송했다. 여러 가지 이유가 있겠지만 정치지도력 문제가 그 핵심이다. 우리나라도 유사한 모습을 보이고 있어 우려가 크다. 일본을 따라가서는 안 된다. 특히 유념할 점이 있다. 독일·스웨덴과 같은 유럽의 복지국가 모델이 성공한 것은 복지 지출의 증대가 사회적 안전망으로 기능함으로써 노동유연성 제고에 대해 사회적 합의를 도출할 수 있었기 때문이다.

복지를 확대했음에도 불구하고 노동유연성 제고와 같은 사회적 합의를 이끌어내지 못하면 그것은 복지 포퓰리즘에 그칠 가능성이 있다. 노동의 유연성은 성장의 필수적 요소이다. 성장은 중요하다. 성장이 없으면 지속적인 경제 발전도 불가능할 뿐만 아니라, 세수와 재원의 부족으로 인해 지속적인 복지도 불가능하다.

자기모순에 빠진 보수·진보의 주장

우리나라에서는 정치적으로 필요할 때마다 여러 나라의 제도를 심층적인 분석 없이 비체계적으로 도입하는 양상이 나타나고 있다. 낮은 수준의 복지가 낮은 수준의 효과를 내는 셈이다. '보편적 복지'냐, '선택적 복지'냐의 문제도 마찬가지이다. 이는 공평의 문제도 아니고 이념의 문제도 아니다. 재원의 한계, 즉 세금의 문제일 뿐이다.

보편적 복지는 진보 집단의 주장, 선택적 복지는 보수 집단의 주장

---

*3대 무상공약이란 아동수당, 고교 무상교육, 고속도로 무료 통행으로, 아동수당은 영국, 프랑스, 독일 등 대부분의 유럽 국가가 시행하고 있다. 고교 무상교육은 대부분의 유럽 국가에서 시행하고 있으며 영국을 제외한 대부분의 유럽 국가는 대학 교육도 무료이다. 고속도로 무료 통행은 독일, 영국, 네덜란드 등 상당수 유럽 국가에서 시행되고 있다.

으로 알려져 있다. 보수 진영에서는 보편적 복지가 소득 수준과 관계없이 무차별적으로 혜택을 제공하기 때문에 불합리한 것이라고 이야기한다. 지난해 서울시의 무상급식을 둘러싸고 논쟁이 한창일 때, 이명박 대통령과 여당은 재벌의 손자도 무상급식 대상이 되는 것은 모순이라고 주장했다. 도대체 무상급식을 하는 학교에 다니는 재벌의 손자가 몇 명이나 되는가 하는 점은 논외로 하더라도, 재벌의 손자가 무상급식을 받는 것이 왜 모순인지 알 수가 없다.

이러한 논쟁을 할 때 우리는 세금 문제를 잊어버린다. 세금은 기본적으로 국가 구성원으로서의 자격을 유지하기 위해 내는 일종의 회비인 셈이다. 사적인 클럽의 회비와 달라서 내야 하는 액수에 차등이 있다. 많이 내는 사람도 있고 적게 내는 사람도 있다. 때로는 마이너스 세금을 내는(세금 납부 대신 보조금 수령) 사람도 있다. 세금을 낸 사람은 모두 국가가 제공하는 재화와 용역을 무료로 향유할 권리가 있다. 재벌의 손자라도 당연히 무상급식을 받을 자격이 있는 것이다. 이를 모순이라고 주장하는 논리는, 세금으로 유지되는 국가의 치안을 소득 수준이 낮은 서민층에게만 제공해 주고 부자들은 개인이 알아서 하라고 하는 논리와 다를 바가 전혀 없다. 그런 논리를 확장하면 고속도로 통행료까지도 소득 수준별로 차등화해야 할 것이다.

한편 진보 진영에서는 '보편적 복지'가 공평하면서도 복지에 충실한 것으로 설명한다. 소득 수준에 따른 유료 급식은 반대한다. 그렇다면 왜 부자 증세를 주장하고 있는지 의문이 든다. 소득 수준이 높은 사람에게 돈(세금)을 더 받는 것이 일관된 입장이 아닐까? 이 대목에서 필자는 양 진영 간에 진행되는 논쟁의 모순을 발견하게 된다. 보수 진영은 소득 수준이 높은 사람들에게 돈을 더 받겠다고 하는 반면 진보진영에서는 소득 수준이 높아도 돈을 안 받겠다고 하는 기현상이 벌어지고 있는 것이다.

이런 현상이 발생한 이유는 무엇일까? 학교 급식은 아동 개인의 가정 사생활 보호 문제이고, 이를 집행할 수 있는 행정의 문제이며, 또 재원의 문제라는 성격을 갖는다. 그럼에도 불구하고 이를 소득분배의 문제로 접근했기 때문이다. 소득분배 문제는 일차적으로 소득분배 정책을 통해 해결해야 한다. 소득분배와 관련해서는 개인이 일차적으로 벌어들이는 '시장소득'의 형평성도 중요하지만 세금, 보조금 등이 포함된 실제 '가처분 소득'의 형평성이 훨씬 중요하다는 사실을 인식해야 한다. 값싼 등록금, 값싼 전기요금, 값싼 휘발유 가격이 빈곤을 해결해 주고 소득분배 문제를 해결해 주는 것은 아니다. 인위적인 가격 억제 정책은 오히려 소득 역진적이라 할 수 있다. 가진 자들에게 유리한 방식이다. 진보 진영이 낮은 가격을 통한 서민 보조를 외친다면 이는 결국 정치적 구호에 불과한 것이 아닐까? 가격 보조보다는 직접 보조를 주장해야 한다. 세금의 경우는 직접세를 주장하면서 보조금의 경우는 (가격에 의한) 간접 보조를 주장한다면 이는 앞뒤가 맞지 않는 주장이다.

최근 들어서는 보수 진영도 반값 등록금, 반값 아파트, 반값…… 등 저소득 서민을 겨냥하여 낮은 가격 정책에 의한 지원을 약속하고 있다. 그러나 이는 분명히 저소득 계층보다는 고소득 계층을 위한 정책임을 깨달아야 한다. 지원이 필요한 계층에게는 직접적인 지원이 진정한 도움이 된다는 사실을 명확히 인식해야 한다.

4

평등은 이 세상에
존재하지 않는다

〈가타카〉와 기회의 평등

에단 호크 주연의 영화 〈가타카Gattaca〉는 태어날 때부터 신분과 계급이 결정되는 미래 사회를 그린 SF 영화이다. 이 영화에는 인상적인 장면들이 많다. 주인공 빈센트는 열성 유전자를 갖고 태어난 하층민이다. 집을 떠난 그는 NASA와 유사한 일을 하는 거대 기업 '가타카'의 청소부로 취직한다. 그는 그곳에서 청소를 하며 신분 상승을 꿈꾼다. 어린 시절부터의 꿈은 우주비행사가 되는 것이었다. 그래서 가타카에 취직하는 희망을 가져 왔다. 그는 날마다 하늘로 발사되는 우주선들을 넋을 놓은 채 바라본다.

어느 날 유리문을 닦던 빈센트는 유리문 너머로 출근하는 가타카의 직원들을 부러운 눈으로 바라본다. 그러자 청소 책임자가 다가와 그에게 '괜한 망상을 가지지 말라'며 핀잔을 준다. 그는 절대로 신분상승을 할 수 없는 하층계급의 운명을 타고났기 때문이다.

신사동 재래시장은 서울 강남의 한복판에 있다. 조금만 걸어 나가면 백화점도 있고, 자동차로 5분 거리에는 대형마트도 있다. 조금은 어울리지 않는다는 느낌이 든다. 강남은 부자 동네라는 선입관 때문인 듯하다. 서로 어울리지 않는다는 점에서 일종의 '위화감'이라고 할수도 있겠다. 물론 '위화감'의 사전적 의미에 충실한 해석이다. 사전에서는 '잘 어울리지 않아서 일어나는 어색한 느낌'으로 '위화감'을 정의하고 있기 때문이다.

우리 현실에서 '위화감'이라는 단어는 계층 간 갈등 또는 상대적 박탈감을 표현할 때 주로 사용된다. 재래시장에서 지금 막 나온 허름한 차림의 아주머니가 길 건너에 즐비한 부자들의 아파트 단지를 바라볼 때의 느낌에 가까울 것이다. 이럴 때 사람들의 감정은 '어울리지 않는다'는 느낌보다는 '가난한 사람들이 무언가 차별을 받고 있다'는 느낌을 받는다는 뜻이다. 재래시장 이야기로 환원한다면, 빈센트는 길 건너편의 부촌을 바라보고 서 있는 가난한 재래시장의 아주머니인 셈이다.

우리나라에서는 비닐 천막에서 사는 극빈층의 거주지 바로 옆에 최고 부자들의 거주지가 위치해 있는 경우가 적지 않다. 낡은 임대주택에 살면서 수십 억을 호가하는 아파트를 바로 옆에서 보면서 살아가는 것이다. 이런 환경에서는 부자가 되어야 한다는 열망이 강렬해질

"유리문을 닦을 때 너무 깨끗하게 닦진 말게. 괜한 망상을 품게 될지도 모르니까."

하층계급으로 태어난 빈센트가 신분상승을 할 수 있는 유일한 방법은 자신의 신분을 세탁하는 것이다. 정상적인 성공의 희망이 거세된 사회는 불법을 권하는 비정상의 사회가 될 수밖에 없다.

수밖에 없다. 상대적 박탈감도 더 강하게 느낄 수밖에 없다. 우주비행사가 되려는 빈센트의 꿈이 시간이 흐를수록 더욱 강렬해지듯이……

차이와 차별을 혼동하지 않아도 되는 사회

지난 2002년 한일월드컵 대회를 앞두고 축구협회는 선수들의 공헌도에 따라 포상금을 차등 지급하겠다는 방침을 발표한 바 있다. 그런데 축구대표팀이 4강에 들자 네티즌들 사이에서 논쟁이 벌어졌다. '다 같이 합심해서 이룩한 쾌거인 만큼 선수 모두에게 동일한 포상금을 지급하자'는 것이었다. 결국 축구협회는 23명 선수 전원에게 동등한 액수를 지급했다. 냉정하게 말하면 경기에 출전한 선수와 벤치에 앉아 있던 선수가 똑같은 포상금을 받는다는 것은 불합리한 일로 보인다. 하지만 축구협회는 국민 정서에 어긋나지 않는 방식을 선택했다.

많은 사람들이 궁금증을 갖는 대목이 있다. 선진국들 중에는 지표상으로도 빈부의 격차가 우리보다 심한 나라들이 적지 않다. 그런데 선진국에서는 왜 사회적 위화감이 상대적으로 덜한 것일까? 그 나라 사람들은 남의 일에 특별한 관심이 없으며 또 부자들에 대해서도 대체로 존중심을 갖고 있다고 한다. 부자가 되기까지는 그만한 노력과 투자가 있었다고 생각한다는 것이다.

우리나라의 경우 부를 축적하는 과정에서 탈법이나 불법, 혹은 권력과의 결탁이 있었을 가능성이 높다는 점을 부인하기는 어려울 것이다. 정권이 바뀔 때마다 비리 사건들이 쏟아져 나오는 것만 보아도 알 수 있다. 비리를 저지르는 사람들은 그 대부분이 권력자 아니면 돈

많은 기업인들이다.

사회적 위화감은 성장이라는 달콤한 열매가 가져온 그림자라 할 수 있다. 40여 년 전만 해도 우리는 너나 할 것 없이 가난한 삶을 살았다. 그런데 경제가 급성장하면서 빈부의 격차도 커졌다. 그 과정에서 투입한 노력에 비해 쉽게 돈을 번 사람들도 생겨났다. 예를 들면 개발로 인한 땅값 폭등으로 갑자기 돈벼락을 맞은 사람들이다. 내 이웃 가운데 그런 사람이 있어서 그렇게 부가 축적되는 과정을 소상히 지켜보았다고 가정해 보자. 과연 쉽게 받아들일 수 있을까? 대부분 자신 앞에 드러난 경제적 불평등을 인정하고 싶지 않을 것이다.

바로 이런 점 때문에 산업화의 과실을 적게 배분받은 사람들은 부자들이 정당한 노력을 기울이지 않았다고 믿게 된 것이다. 그 밖에도 부를 축적하는 과정에서 있었던 불공정한 경쟁과 도덕성의 결여가 결국은 사회적 위화감을 형성시키는 요인의 하나가 된 것이다.

더욱 근본적인 원인은 경제 분야에서 문자 그대로 '시민이 주인'인 경제민주화가 이루어지지 않고 있다는 데에 있다. '차이'와 '차별'을 혼동하지 않도록 하기 위해서는 주택, 의료, 교육, 안전 등 국민의 4대 기본수요를 충족시켜 주어야 한다. 그리고 정부의 경제정책에 시민사회가 참여할 수 있는 길을 열어 주어야 한다. 4대 기본수요에 대해서는 다음 장에서 조금 더 자세히 설명할 예정이다.

여기서 잠깐 영화 〈가타카〉의 세계관을 살펴보기로 한다. 〈가타카〉가 묘사하는 미래는 유전공학의 발달로 인해 태어날 때부터 개인의 운명이 결정되는 사회이다. 부모 양쪽의 우수한 유전인자만 취합하여 인공수정을 거쳐 최고의 유전자를 가진 아이를 낳는 사회이다. 이렇게 태어난 아이는 '적격자valid'라고 부르는데, 타고난 지능과 신체 능력으로 좋은 직업과 부를 획득할 수 있다.

반면 주인공인 빈센트는 자연분만으로 태어나, '신의 아이God child' 혹은 '부적격자in-valid'로 불린다. 자연분만이기 때문에 보통의 인간들이 갖게 되는 다양한 건강상의 문제들을 타고난다. 심장이상, 근시와 같은 육체적 결함, 그리고 집중력 부족 등과 같은 성격적 결함이다. 빈센트 같은 부적격자들은 결코 좋은 회사에 취직할 수 없다. 회사는 우성인자들만 원하기 때문이다. 물론 '제노이즘Genoism'이라 불리는 차별금지법이 있지만 명목상의 법일 뿐 아무도 그 법을 중요시하지 않는다.

이런 사회에서 부적격자들이 성공할 수 있는 유일한 방법은 '불법'을 저지르는 것이다. 빈센트는 가타카에 취직하기 위해 '신분세탁' 브로커를 만난다. 사고로 하반신이 불구가 된 적격자를 소개받은 후 그와 비슷하게 외모를 꾸민다. 심지어는 키를 맞추기 위해 다리까지 수술한다. '적격자'는 가타카 사의 면접, 그리고 수시로 행해지는 유전자검사를 통과할 수 있도록 자신의 소변과 머리카락 등을 제공한다. 그 대신 적격자와 브로커에게는 자신이 평생 가타카에서 벌어들이는 돈의 일부를 지불해야 한다.

'불법을 부추기는 사회'라고 하니 섬뜩한 느낌이 든다. 사실 '태어날 때부터 유전자로 운명이 결정되는 사회'라는 설정은 비현실적이라는 느낌이 들기도 한다. 그런데 지금의 우리 사회도 어떤 면에서는 〈가타카〉가 묘사하고 있는 사회와 유사하다는 생각이 든다. 그런 의미에서 〈가타카〉는 가상의 미래를 그린 SF 영화가 아니라, 현대 사회

어떤 경제가 우리를 행복하게 하는가

를 풍자하는 드라마라고 말할 수도 있겠다.

자본주의 사회는 개인의 능력과 부의 차이를 용인하고 있다. 부유하거나 가난한 것의 차이는 얼마든지 가능하다. 그러나 '차이'와 '차별'은 구분되어야 한다. 그런데도 우리 사회의 현실은 '차이'와 차별을 혼동하게 만들고 있다. 부자와의 '차이'를 인정하는 것이 아니라 자신이 '차별'받고 있다는 생각을 갖도록 만드는 현실이다. 〈가타카〉는 비현실적인 SF 영화이지만, 지금의 우리 사회에는 서로간의 '차이'를 인정하지 않으면서 〈가타카〉의 세계처럼 출생 시점부터 차별을 받는다고 생각하는 사람들이 많다.

이런 생각을 갖게 되는 데는 나름대로 이유가 있다. 일차적으로는 우리 사회가 세대별, 집단별로 다양한 의식의 스펙트럼을 가지면서도, 한편으로는 강한 동질감과 평등의식을 갖고 있기 때문이다. 한 민족이라는 동질감에다가, 힘든 시대를 함께 경험하면서 일구어낸 경제 성장에 대한 연대감이 우리 안에 깊숙이 자리 잡고 있는 것이다. 그러

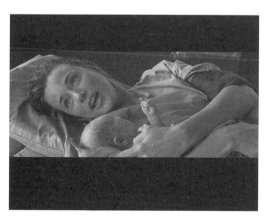

"(사회계급은) 더 이상 피부색이나 사회적 지위에 의해 결정되지 않는다. 이제 차별은 '과학적'으로 이루어진다."

'차이'와 '차별'은 구분되어야 한다. 개인의 능력과 노력으로 인한 차이는 당연히 받아들여야 한다. 중요한 것은 '결과의 평등'이 아니라 누구나 동등한 출발선에서 시작하는 '기회의 평등'이다.

나 근본적인 원인은 인생의 출발선에서부터 차별을 받고 있다는 생각에 있다.

우리 사회에서는 수직적인 계층의 상승을 기대하는 숫자가 점차 줄어들고 있다. 현대경제연구원이 펴낸 2012년 8월 17일자 《경제주평》에는 국민의 98.1%가 '앞으로 자신의 계층 상승이 어려울 것'으로 생각하는 것으로 나타났다. 아무리 열심히 노력해도 자신과 아이들이 상류층이 될 가능성은 희박하다고 보고 있는 것이다. 또 국민의 절반 이상이 자신을 저소득층으로 생각하고 있다. 심각한 수준을 넘어섰다. 이런 사회에서는 성장하고 발전하려는 개인의 의욕이 저하될 수밖에 없다. 즉 다른 출발선에 서 있기 때문에 같은 결과를 기대할 수 없다는 자포자기의 심정을 갖게 되는 것이다. 이럴 때 개인이 느끼게 되는 위화감은 엄청난 것일 수밖에 없다.

세계 경제 전체를 놓고 보면 20세기 후반 글로벌화와 기술혁신을 통해 가난한 나라들이 선진국들을 따라잡기 시작했다. 이 과정에서 세계적인 소득 불균형은 완화되었다. 그러나 그러는 한편에서 많은 나라들의 경우 내부의 소득 불균형이 더욱 심해졌다.

1980년대 이후 소득 불균형이 심해진 국가들은 전체의 3분의 2를 넘고 있으며 일부 국가에서는 상황이 참으로 심각하다. 미국의 경우를 보면 국가 전체 소득에서 상위 0.01%(1만 6000여 가구)의 소득이 차지하는 비율이 1980년에 1%를 겨우 넘었지만 지금은 5%에 육박하고 있다. 이는 1960년대 후반에서 1986년까지의 시기로 대표되는 대호황 시대보다 더 심해진 것이다.

그렇다면 우리나라 국민들이 느끼는 '위화감'은 우리 사회 구성원

개개인의 문제일까? 아니다. 앞에서도 보았듯이 선진국 역시 빈부의 격차가 갈수록 심해지고 있다. 그러나 그만큼의 빈부의 격차가 있어도 모든 구성원들의 삶의 질이 대체로 일정 수준을 유지한다. 유럽 선진국의 경우도 가난한 동네와 부자 동네가 있기는 하지만 한심할 정도로 격차가 벌어지지는 않는다. 그러나 우리나라의 사정은 다르다.

두 사람이 100미터 달리기를 한다고 가정해 보자. 만일 한 사람이 다른 사람보다 10여 미터 앞에서 출발한다면 당연히 앞에서 출발한 사람이 이길 확률이 훨씬 높을 것이다. 이것은 '기회의 불평등'이라 할 수 있다.

모두 다 가난했던 40~50년 전의 우리나라에서는 모든 사람들이 엇비슷한 출발선에서 앞으로 달려 나갈 수 있었다. 그러나 지금의 우리는 그 시대와는 전혀 다른 세계에 살고 있다. 출발선이 같지 않음을 인정할 수밖에 없는 세상에 살고 있는 것이다. 물론 출발선이 같다고 해서 두 명의 주자가 동시에 결승점을 통과하지는 않는다. 개인의 능력과 노력 여하에 따라 격차가 생기기 때문이다. 이것은 어쩔 수 없는 '결과의 불평등'이라 할 수 있다.

오늘날 우리 사회에서는 극단적인 소수를 제외하면 어느 누구도 '결과의 평등'을 주장하지 않는다. 그러나 '기회의 평등'은 제공되어야 한다는 것이 모두의 주장이다. 이를 위해서는 "우선 심판으로서의 국가의 역할이 중요하다. 능력과 노력에 따른 개인의 격차를 심판이 책임질 수는 없다. 하지만 같은 출발선에 세워놓는 것, 그리고 혹시 부정출발이 있으면 적발해 내는 것은 심판의 책임이다"라고 주장한다.

맞는 말이다. 그러나 여기서 간과해선 안될 것이 하나 있다. 바로

'국가'의 역할이다. 조지프 히스Joseph Heath는 《자본주의를 의심하는 이들을 위한 경제학》에서 "21세기 국가를 일종의 19세기 국가처럼 여기는 것은 약간의 오해를 불러일으킨다. 경제에 관해 구경꾼에 불과했던 국가가 이제는 가장 중요한 경제 주체의 자리에 올랐다. 마치 아이스하키 심판이 갑자기 빙판에 나가 스틱을 잡고는 퍽을 몰고 가면서 아무 때나 원하는 대로 슈팅을 할 권리를 행사하기 시작한 것과 유사하다"면서 더 이상 국가를 '심판'으로 볼 수 없다는 심각한 문제 제기를 한다.

오늘날 자본주의 사회에서는 국가의 역할이 '심판'에만 그치지 않는다. 엄연한 경제 주체로서의 역할을 하고 있다. 국가가 모든 기회를 모든 국민에게 똑같이 제공하는 것은 불가능할 것이다. 그러나 적어도 태어나자마자 경쟁에서 탈락하는 것만큼은 막아야 한다. 출발선의 격차를 가능한 좁혀 나가는 노력을 해야 한다. 그래서 뒤떨어져 있는 사람들이 평균적인 출발선에서 함께 달려 나갈 수 있도록 기회를 제공해야 한다.

소득의 양극화가 심각하다 해도 양극화 자체가 심각한 문제인 것은 아니다. 소득 양극화가 교육의 양극화로 이어지고, 교육 양극화가 계층이동upward social mobility의 기회를 축소하는 것이 심각한 문제인 것이다. 한마디로 빈곤의 대물림으로 인한 출발선의 격차가 더 큰 문제인 것이다. 소득격차가 교육격차로 직결되는 것은 사교육 의존도가 높기 때문이다. 한국개발연구원의 연구에 의하면 가구 소득이 100만 원 상승할 때마다 영어, 수학, 국어 학업 성과가 2~3점씩 상승하는 것으로 나타났다. 미국에서도 교육격차 완화를 위한 다양한 노력이 전개되고 있다. 1990년에는 TFA(Teach For America)를 설립하여 명문대 졸업생들을 2년간 저소득 지역 학교에 교사로 파견하고 있다. 또 하버드 법대생 중심으로 BELL(Building Educated Leaders for Life)을 설립하여 빈민촌 학생들의 학업을 지원하고 있다.

공교육이 완벽하면 사교육은 필요 없다. 그러나 완벽한 공교육은 세상 어디에도 없다. 사교육을 완전히 없애는 것도 불가능하다. 공교육을 강화하고 사교육이 줄어들도록 끊임없이 노력해야 한다. 그러나 빈곤층에게 사교육을 제공해 주는 노력도 동시에 필요하다. 우리나라에서도 공공기관이나 대기업에서 사회 기여의 일환으로 젊고 유능한 강사를 선발하여 저소득층 가정의 학생들에게 영어, 수학 등 교과목을 가르치는 사업을 시작했으면 좋겠다.

기회의 평등이 진정한 의미를 가지려면 장하준이 《그들이 말하지 않는 23가지》에서 말했듯이 "일정 수준 이상을 넘는 결과의 균등이 보장되어야 한다"는 지적도 기억해야 한다. 또 출발선에도 설 수 없는 사회적 약자는 별도로 배려해야 한다. 그렇게 되면 '사회적 위화감'은 점차 완화될 것이다.

미국의 시어도어 루즈벨트 전 대통령은 1910년 8월 31일에 열린 독립전쟁 기념식에서 다음과 같은 구절을 남겼다. 이 짧은 한마디에 그의 진보적인 철학이 담겨 있다. 즉 중앙 정부는 기회의 균등을 보장하고 특권과 기득권을 타파할 책임이 있다는 것이다.

"인류 진보를 위한 모든 현명한 투쟁에 있어서 가장 중요한 목적 중 하나
이자 종종 유일한 목적은 최대한 기회의 균등을 달성하는 것이다."

5

그의 성姓이
록펠러였다면

〈존 큐〉와 4대 기본수요

어떻게 해야 '기회의 평등'이 최소한으로 보장될 수 있을까? 어떻게 해야 '일정 수준을 넘는 결과의 균등'도 보장될 수 있을까? 국가는 무엇을 해야 할까? 단순히 복지 지출을 확대한다 해서 되는 일이 아님은 주지의 사실이다.

선진국은 빈부의 격차가 있어도 모든 구성원들이 누리는 삶의 질이 대체로 일정 수준을 넘는다. 국민들의 '기본수요basic needs'가 충족되고 있기 때문이다. 기본수요는 삶을 영위하기 위해 반드시 해소되어야 할 기본적인 욕구이다.

옛날에는 사람이 살아가는 데 반드시 필요한 기본수요가 의식주였다. 지금은 입는 것, 먹는 것은 대체로 해결이 되었다. 오늘날 국민들이 살아가는 데 필요한 핵심적인 기본수요는 주택을 비롯한 교육, 의료, 안전의 네 가지로 볼 수 있다. 기거할 곳이 없거나, 교육을 받지 못하거나, 몸이 아플 때 치료받지 못하거나, 재해와 범죄 또는 식품 위험에 무방비로 노출된 사람들은 정상적인 경제 활동을 할 수 없다.

의료는 시민의 권리이다

몇 해 전에 개봉된 〈존 큐John Q〉라는 영화가 있다. '존'이라는 남자가 심장질환으로 생명이 위독한 아들의 수술을 위해 병원 의사를 인질로 잡는다. 아들의 심장 이식 수술을 위해 '심장 기부 대기 명단'에 이름을 올려야 하는데, 수술 비용을 감당하기 힘든 상황이 문제였다. 수술 비용은 무려 25만 달러였다.

'존'의 집은 당연히 보험에 들어 있었다. 존은 보험료도 꼬박꼬박 냈지만 문제는 보험 회사가 그 정도의 비용을 지급해 주지 않는다는 데 있었다. 존의 신분이 계약직 노동자로 바뀌면서 보험의 등급이 변했지만 보험 회사는 이를 제대로 통보조차 하지 않았다. 존은 어떻게 해서든 돈을 갚을 테니 아들의 이름을 대기자 명단에 올려달라고 병원에 사정을 한다. 그러나 병원 측은 존의 신분과 부인의 직업을 확인하고는 수술을 거절한다. 지불 능력이 없다고 본 것이다.

그러자 존은 최후의 수단을 선택한다. 의사와 환자 몇 명을 총으로 위협해 인질로 삼는 것이다. 존은 출동한 경찰에게 아들의 이름을 대기자 명단에 올려 달라며 거래를 시도한다. 영화 속에서의 존은 아주

"만약 존이 백만장자였다면 이런 일은 결코 일어날 필요가 없었을 것입니다. 그의 성이 '록펠러'였다면 말이죠."

가족 중 한 사람이 큰병에 걸리면 온 가족의 생활이 무너진다. 가족 구성원의 질병 때문에 가정 전체가 빈곤층으로 전락하게 되는 위험을 피하려면 국가가 국민의 의료 기본권을 보장해야 한다.

자상하고 착한 남자이다. 아들에게는 친구 같은 아버지이고, 아내에게는 다정한 남편이다. 넉넉하지는 않지만 하루 20시간을 일할 정도로 성실한 가장이다. 그런 착한 남자가 일순간에 무시무시한 인질극의 범인이 된 것이다. 이 남자가 상징하고 있는 서민층에 대해 국가가 좀 더 폭넓은 보호를 제공해 주었다면 이런 비극까지는 벌어지지 않았을 것이다.

〈존 큐〉에서 주인공 '존'이 가입해 있던 의료보험에 대해 조금 살펴보자. 존은 HMO라는 보험에 가입되어 있었다. HMO는 미국의 민간 의료보험 조직인 건강관리기구Health Maintenance Organization의 약자이다. 영화에서도 언급되고 있지만 미국 국민 가운데 5000만 명 정도는 보험에 가입하지 않은 상태라고 한다. 보험료도 비싸지만 가입을 한다 해도 정작 받을 수 있는 혜택의 폭이 그다지 크지 않기 때문이다. 이익 창출이 우선인 HMO라는 조직은 당연히 온갖 비리와 부조리로 그 악명이 높다.

응급실로 총을 들고 들어간 존은 의사와 스태프들을 모아 놓고는 "내 아들은 매년 검사를 받아 왔어. 그런데 어떻게 (심장질환을) 발견하지 못한 거지?" 하고 묻는다. 스태프는 HMO 보험에 대해 말한다. "그 보험은 의사에게 검사를 하지 말라고 돈을 지불하거든요. 그런 식으로 그들은 비용을 절감합니다. 예를 들어 마이크(존의 아들)가 다른 검사를 필요로 한다고 쳐요. 그런데 만일 보험회사가 감당하지 못하겠다고 하고 의사가 그 사실을 (환자에게) 발설하지 않는다면, 연말에 보험회사는 의사에게 보너스를 지급하는 겁니다."

예전에 TV에서 홀로 된 어머니가 아들 하나와 함께 살고 있는 모습을 본 적이 있다. 어머니는 기능직 공무원이었고 아들은 중소기업에 다니고 있었다. 넉넉하지는 않았지만 두 사람은 언제나 더 나은 삶에 대한 희망으로 살았다고 한다. 그러던 어느 날 아들이 덜컥 암에 걸려 입원을 하고 만다. 병원비를 대고 생활을 유지하려면 어머니는 계속 직장을 다녀야 하는 상황이었다. 그러자니 아들을 돌봐줄 사람이 없었다. 간병인을 두고 싶었지만 비용이 어머니의 한 달 급여보다도 많아 엄두를 낼 형편이 못되었다. 더욱이 치료 비용도 만만치 않았다.

현대 사회에서 의료는 필수적인 생활 서비스 가운데 하나이다. 그러나 의료 서비스에 대한 모든 비용을 개인이 부담하기에는 한계가 있다. 국가가 개인의 의료비 부담을 줄여 주어야 한다. 그렇게 하지 않으면 가족 한 명의 질병 때문에 가정 전체가 빈곤층으로 전락하게 되는 위험이 항상 존재하게 된다. 그렇게 되면 환자의 치료는커녕 우선 건강한 가족 구성원들의 생활부터 걱정을 해야 하는 상황이 된다.

모든 것을 던져서라도 가져야 하는 집

의료와 함께 주거도 핵심적인 국민적 기본수요에 해당한다. 이제는 단순히 머물 곳이 있느냐의 문제를 넘어서 최소한 삶의 질을 확보하고 있느냐가 문제이다. 우리나라의 1인당 주거 면적은 6평 정도이다. 이는 비좁은 주택이 많은 일본의 9평에 비해서도 낮은 수치이다. 그렇지만 좁더라도 자기 몸을 누일 곳이라도 있으면 다행이다.

우리나라 사람들은 집 문제에 특히 민감하다. 집이 생활 수준의 척도로 이야기된다. 집 한 칸 장만하기 위해 평생 돈을 번다는 이야기를 할 정도이다. 우리나라 인구의 절반 정도가 세입자이다. 폭등하는 전세나 월세 때문에 가계 부채가 늘어나고 이사를 가야 하는 아픔을 겪고 있다. 그만큼 우리가 주택 문제를 제대로 풀지 못하고 있다는 방증이기도 하다.

제니퍼 코넬리가 출연한 〈모래와 안개의 집House of Sand and Fog〉이라는 영화가 있다. 이 영화를 보면 미국인에게도 집이란 단순히 '먹고 자는 곳' 이상의 의미를 가지고 있음을 알 수 있다. 물론 우리나라처럼 평수를 따지면서 자신의 부를 과시하는 수단으로 사용되는 것은 아니다.

영화에서 제니퍼 코넬리는 세금을 내지 못해 국가에 집을 차압당한다. 그 집은 그녀의 아버지가 평생을 투자해 가꿔 온 것으로 그녀에게 물려준 소중한 재산이다. 어렵게 장만했을 것이 분명한 집인데 세금이 체납되었다고 하루아침에 빼앗기게 된 것이다. 국가가 적극적으로 서민의 권리를 보장해 주고 지원하지는 못할망정 세금이 조금 연체되었다고 곧바로 집에 차압딱지를 붙여 버린다. 더욱이 그 집을 며칠 안에 공매로 넘겨 헐값에 팔아 버릴 것임을 예고한다. 물론 영화인만큼 극단적인 설정을 한 것이겠지만 지켜보는 마음은 불편하다.

게다가 은근히 거슬리는 대목도 있다. 그 집을 사들인 사람이 바로 '이란에서 온 이방인'인 베라니(킹슬리)라는 설정이다. 캐시(제니퍼 코넬리)는 베라니를 찾아가 다시 집을 돌려달라고 사정한다. 그러나 베라니는 냉정하게 거절한다. 그는 집을 수리해 무려 4배가 넘는 가격에 되팔 작정이다. 영화에서 베라니는 자신의 가족만 소중히 여기고 이웃은 안중에도 없는 사람, 그리고 돈에 매몰된 이기적인 사람으로 묘사되고 있다. 이러한 설정에는 이방인들, 특히 911 테러 이후 서아시아 사람들을 바라보는 미국인의 불편한 시각이 담겨 있다.

그럼에도 불구하고 필자는 한번은 꼭 봐야할 영화로 추천하고 싶다. 가장 성공적인 '다문화 사회'를 이루었다는 미국의 허상을 짚어주는 한편, 현대인들에게 집이란 어떤 의미인지를 다시 생각하게 해주는 영화이기 때문이다. 집은 세대나 문화권과 관계없이 모든 것을 다 던져서라도 갖고 싶고 또 지키고 싶은 '무언가'임에 틀림이 없다.

초등학교 학제 개편으로 반값 등록금을!

단정적으로 말하기는 어렵지만, 국민 기본수요 가운데 가장 중요한 것이 교육이다. 주택과 의료는 국민들의 기본적인 삶에 관한 문제이지만, 교육은 한 걸음 더 나아가 공정한 출발선에 관한 문제이기 때문이다.

한국전쟁 직후인 1956년 1월에 IMF 경제학자들이 한국 경제에 대한 보고서를 처음 작성했다. 그 보고서를 보면 한국의 장래에 대해

영화 《모래와 안개의 집》에서 주인공 케이시는 국가에 집을 차압당한다. 집은 인간의 삶에 반드시 필요한 요소이다. 집이 주거의 수단을 넘어 재산 증식의 가장 효과적인 도구인 우리나라는 주거 문제에 대해 국가가 적극적으로 역할을 해야 한다.

희망적인 문구는 단 한 줄도 찾을 수 없었다. 그리고 50여 년이 지난 2004년 10월 워싱턴에서 IMF 총회가 열렸다. 이 총회에서 앤 크루거 수석부총재는 아프리카에 대한 지원을 강조하며 한국을 대표적인 성공 사례로 들었다. 우리가 세계의 주목을 받으면서 가장 빠른 속도의 압축 성장을 할 수 있었던 가장 큰 요인은 무엇일까?

우리나라는 천연자원이 부족한 나라이다. 인적자원을 만들어 낸 '교육열'을 빼놓고는 이야기를 할 수 없다. 그래서 부모님들은 논밭과 소를 팔아가면서까지 자식들을 교육시켰다. 한국전쟁 당시에도 문교부는 피난지에 전시 연합대학을 세워 대학생들을 교육시킬 정도였다. 세계 역사상 유례를 찾아보기 힘든 사실이다. 우리나라의 대학 진학률은 80% 수준으로 세계 1위이다. 우리나라에 못지않은 교육열을 가진 일본의 대학 진학률이 49%임을 감안하면 참으로 놀라운 수준이 아닐 수 없다. 결국 우리가 성공신화를 창조할 수 있었던 가장 중요한 요인은 '사람에 대한 투자'였던 것이다.

이러한 취지에서 국제기구가 교육적 관점에서 제3세계를 지원해야 한다는 주장도 제기되고 있다. MIT의 경제학 교수인 레스터 서로우는 《세계화 이후의 부의 지배Fortune Favors The Bold》에서 "세계은행은 일종의 세계교육부가 되어야 한다"고 주장한 바 있다. 그는 세계은행이 적절한 교육 체제를 갖춘 나라에 집중적인 지원을 해야 한다고 말한다. 즉 한 나라가 훌륭한 교육 체제를 운영하고 있다는 것은 경제 발전에 참여할 수 있는 사회조직을 갖추고 있다는 의미이며, 따라서 지원 여부를 결정할 때 자립의 수준을 측정할 수 있는 지표가 바로 교육이라는 주장이다.

최근 '반값 등록금'이 사회적 이슈로 대두된 것만 보아도 이제는 대학 교육도 국민의 기본수요가 되었음을 알 수 있다. 그런데 국민의 기본수요라는 입장에서 볼 때, 교육의 이슈가 반값 등록금으로 집약되고 있는 것은 앞뒤가 바뀐 이야기라 할 수 있다. 자본주의 체제, 즉 시장경제 체제에서 가장 핵심적인 요소는 '가격' 시스템이다. 시장경제를 운영하는 과정에서 가장 금기시해야 할 사항이 가격을 건드리는 것이다. 가격은 그야말로 수요와 공급에 의하여 자유롭게 결정되어야 한다.

정부는 가격이 자유롭게 결정되는 것을 방해하는 요소를 제거해야 한다. 그런 후에 시장가격의 폐해를 시정해야 한다. 그런데 '반값 등록금' 이슈는 오히려 정부나 사회가 자유로운 가격의 결정을 임의로 방해한다는 의미를 담고 있다. 아울러 어느 기준에 대한 반값인지도 불투명하다. 전국 모든 대학의 등록금이 동일한 금액도 아니고 또 대학의 대부분은 사립이기 때문이다.

물론 '반값 등록금'이 상징적 구호에 불과하다는 사실을 몰라서 하는 말은 아니다. '반값 등록금'은 대규모의 재단 적립금과 불투명한 회계 처리 등 대학 시스템에 대한 사회적 불신과 개선 요구를 상징화시킨 구호이다. 또한 가격 시스템이 정상적으로 작동하려면 정보 공개가 필요하다. 현행 교육 시스템에서 생산자인 재단과 소비자인 학생 간에는 정보의 불균형이 존재한다. 정보의 불균형은 곧 재단과 학생 간의 불완전 경쟁을 의미한다. 시장경제의 원리가 작동되지 못하는 것이다.

대학생을 자녀로 둔 수많은 학부모들은 비싼 등록금 때문에 고통을 받고 있다. 실제로 학업을 중단하는 사태도 벌어지고 있다. 정부는 어떤 방식으로든 등록금 문제를 해결해 주어야 한다. 국민 대다수가 대학교육을 받으려 하는 현상에 대해 우려를 표하는 사람들도 적지 않다. 국가의 입장에서 생각해 보자. 국민들이 힘들면서도 골치 아픈 공부를 하겠다는 것은 매우 고마운 일이 아닐 수 없다. 국민 전체의 수준이 높아져서 국가의 국제 경쟁력이 높아지는 것이다. 열심히 공부하는 자식을 둔 부모와 같은 입장이다. 오늘날의 세계는 이미 산업사회에서 지식정보화 사회로 넘어가고 있다. 선진국으로의 진입은 물론 선진국으로 살아남는 조건 가운데 하나가 국민 전체의 지식 수준이다.

등록금을 국가가 해결해 주는 것은 단순한 복지 지출 차원을 뛰어넘는 문제이다. 어떤 방식으로든 해결해 주어야 한다. 국가가 마음먹기에 달려 있다. 국가 우선순위에 관한 문제이다. 생활비까지도 해결방안을 강구해야 한다. 그러나 복지 지출은 항상 종합적이고 체계적으로 이루어져야 한다. 복합처방mixed policy을 해야 한다는 뜻이다. 반값 등록금 문제도 마찬가지다.

예를 들어 보자. 학제개편을 통해 초등학교 기간을 1년 줄이자는 주장이 있다. 일반 국민들에게는 다소 낯설지만 많은 전문가들이 공감하는 주장이다. 학교에서 지나치게 많은 시간을 보내 입직 연령이 늦어진다는 것이다. 그것이 높은 교육비의 부담, 청년실업, 낮은 출산율 등의 근본적 원인이 되고 있다는 주장도 있다. 유럽의 국가들은 초·중·고·대학의 연한을 5-3-3-4년으로 운용하고 있다. 일부에는 5-5-3년 연한도 있다. 지식정보화 사회, 고령화 사회에서는 어린 시절에 학교 교육을 1년 더 받게 하는 것보다 평생교육 체제를 갖추는 것이 더 중요하다.

대학교의 등록금 문제를 해결하기 위해서는 연간 3~4조 원 정도의 추가자금이 필요하다고 한다. 간단한 계산을 해보자. 현재 초등학교에 지원하는 금액이 약 18조 원이다. 초등학교 한 학년을 줄이게 되면 결국 3조 원의 여유가 생긴다는 계산이다. 물론 부차적으로 대학의 구조조정이나 초등학교 교사 전환 등의 문제가 제기될 것이다. 그러나 해결할 수 있는 문제들이다. 한마디로 말해서 국가는 돈이 없어 학교를 가지 못하는 국민이 없도록 해야 한다.

안전은 국가 존립의 기본이다

통계상으로만 보면, 우리나라의 범죄율이 높은 편은 아니다. 그런데 범죄 피해에 두려움을 느끼는 사람이 60%에 이를 정도로 국민들이 체감하는 불안감은 상당히 높다. 사회 곳곳이 범죄에 노출되어 있다. 서민 경제만 중요한 것이 아니다. 서민 치안도 중요하다. 서민이 모여 살고 있는 지역에는 치안을 더 강화해야 한다. 부자 동네는 CCTV도 많이 설치되어 있고, 순찰도 많이 다닌다. 그리고 사설 경비업체를 통해 스스로의 능력으로 치안을 유지할 수 있다. 그러나 서민층이 모여 있는 동네는 자체 치안이 어렵다.

후진국에 가서 길거리를 보면 자동차와 사람이 뒤엉켜 있음을 볼 수 있다.우리는 불명예스럽게도 OECD 국가 중 교통사고 최고 수준의 자리를 수년째 놓치지 않고 있다. 자동차와 사람이 뒤엉켜 있는 후진국의 길거리 풍경을 보고 웃고 있을 입장이 아니다. 뿐만 아니다.

해마다 식품 안전 문제 때문에 온 국민이 몸살을 앓고 있다. 인기 TV 프로그램 중에서 식품 안전에 대한 고발 프로그램이 많다. 그만큼 국민들이 식품 안전을 불신하고 있다는 증거이다. 산업재해 또한 많은 문제를 안고 있다.

헌법조항을 들먹일 필요조차 없다. 국민의 안전 문제는 국가 존립의 기본이다. 후진국에서 일어나는 여러 가지의 행태를 보면, 안전이야 말로 선진국과 후진국을 구분하는 기준이라는 것을 느낄 수 있다. 그만큼 후진국 사람의 목숨 가격이 싸다는 것을 의미하기도 한다. 안전은 국민의 생명을 존중한다는 의미이기도 하다.

6

개방과 경쟁력,
무엇이 먼저인가?

〈헐리우드 키드의 생애〉와 개방경제

1980년대 중반쯤의 일이다. 필자가 살던 과천시의 쇼핑센터 1층 앞에 과일 가게가 있었다. 그곳을 지나는 주부들은 애써 그곳을 외면하거나 일부러 멀리 돌아서 다니곤 했다. 가게 맨 앞에 진열되어 있던 바나나 때문이었다. 당시 바나나는 웬만한 중산층 가정도 쉽게 살 수 없을 만큼 비싼 과일이었다. 당시 가격으로 한 개에 1500원이었다. 한 묶음에 2~3만 원이었던 것으로 기억된다. 가게 앞을 지나가는 순간, 아이는 바나나를 사달라고 졸라대기 시작한다. 엄마는 좀처럼 발걸음을 뗄 수가 없게 된다. 그 광경들을 보며 아내는 "저 가게가 온 과천 애들을 울린다"고 말하곤 했다.

바나나가 비싼 과일이 아니라는 사실을 알게 된 것은 대만에 출장을 갔을 때의 일이었다. 대만 시장에 가보니 온통 바나나 천지였다. 한국에서의 생각으로 한 다발 값을 지불했더니 그야말로 산더미처럼 많은 양을 주었다. 지금도 바나나를 보면 그때의 기억이 떠올라 미소를 머금게 된다.

바나나의 경제학

그땐 바나나가 왜 그렇게 비쌌던 것일까? 우리나라에서 바나나 재배가 처음 성공했던 것은 1970년대 후반의 일이다. 제주도에서 조금씩 생산되었다. 바나나를 재배하려면 별도의 난방이 필요했다. 그래서 생산 원가가 높았다. 제주도에서 운반해 와야 했기 때문에 운송비도 만만치 않았다. 비싼 가격에도 불구하고 제주도 바나나를 찾는 소비자는 점점 늘어났다. 당시 정부가 수십 가구의 재배 농가를 보호하기 위해 바나나의 수입을 제한했기 때문이다. 덕분에 초기에 바나나를 재배한 농가들은 적지 않은 이익을 거둘 수 있었다. 그러다 보니 점차 더 많은 농가가 바나나 재배에 참여하게 되었다. 1982년에는 36톤을 생산했는데, 1989년에는 2만 톤을 상회했다. 7년 사이에 무려 600배 증가한 것이다. 재배 면적도 2ha에서 443ha로 증가했다.

바나나는 정확히 1991년에 수입 자유화가 되었다. 당시의 국제적인 추세를 거스르기도 힘들었고, 무엇보다 국민의 후생을 희생하면서까지 소수의 바나나 재배 농가를 보호할 명분이 사라졌던 것이다. 정부는 작목의 전환을 위해 융자지원 등의 대책을 내놓았지만 제주의 바나나 농가들은 엄청나게 반발했다. 농민단체도 사과, 배 등의 과일 산업 전체에 위기가 올 것을 우려했다. 그러나 결과적으로 수입 자유화가 과일 산업 전체에 미친 영향은 거의 없었다. 과일 생산량이나 생산 면적은 감소하지 않았다.

물론 국내 바나나 산업은 거의 소멸되었다. 바나나 산업의 비효율성 때문이었다. 그 대신 일반 소비자들은 그동안 비싸서 먹을 수 없었던 바나나를 싼 가격에 사먹을 수 있게 되었다. 요즘 아이들은 바나나를 사달라고 울기는커녕 먹지 않겠다고 손사래를 칠 정도다. 어쨌든 선입관을 버리고 보면 시장의 개방은 소비자들에게 긍정적인 영향을 가져다주는 것이 사실이다. 그런데 FTA 체결을 반대하는 사람들이 그 논거로 바나나의 경우를 예로 들곤 한다. 시장 개방이 국내산 바나나 농가를 몰락시켰듯이 향후 농산물 시장의 개방이 전체 농가를 몰락시킬 것이라는 주장이다.

당시 정부가 시장을 개방하지 않고 비나나 농가를 끝까지 보호했다면 오늘날 상황이 어떻게 되었을까? 당시에는 수입 제한으로 독점적 이익이 보장되었기 때문에 제주도의 바나나 농가는 엄청난 속도로 증가하고 있었다. 하지만 여전히 높은 가격 때문에 소비자들에겐 여전히 귀한 과일로 존재했을 것이다. 정부는 어쩔 수 없이 인위적으로 가격을 조정해야 하는 한편으로 국민들의 세금을 들여 재배 농가를 지원해야 했을 것이다. 만일 재배 농가가 더욱 늘어난 상황에서 오늘날처럼 시장개방 문제에 직면했다면 피해 농가는 훨씬 많아졌을 것임이 분명하다.

개방과 경쟁의 과정에서 피해를 보는 계층이 생기는 것은 불가피한 일이라 할 수 있다. 그러나 다른 한편으로는 국민 경제 면에서 그 이상의 효율을 기대할 수 있다는 점 또한 부인할 수 없는 사실이다. 시장경제에서 수입 제한 등의 방식을 통해 가격을 인위적으로 왜곡시키면 그에 상응하는 대가를 반드시 지불하게 된다.* 물론 FTA 문제처럼 단순하게 한쪽의 논리만을 수용하기는 어려운 것이 사실이다.

'개방을 먼저 하느냐, 경쟁력을 먼저 키우느냐'의 문제를 '닭이 먼저냐, 달걀이 먼저냐'와 유사한 논쟁으로 받아들이는 시각도 있다. 선후의 문제라기보다는 개방이 필연적이라면 충분한 사회적 논의를 거치면서 제도적 보완들을 고민하는 것이 필요하다. 중요한 것은 '과정'과 '논의'이다.

정지영 감독이 우려했던 것은?

〈헐리우드 키드의 생애〉를 연출한 정지영 감독은 환갑을 훌쩍 넘긴 노장이다. 최근에는 〈부러진 화살〉로 대단한 흥행몰이를 했다. 그는 이 작품들로도 유명하지만 1980년대 말에 있었던 하나의 사건으로 엄청난 유명세를 타기도 했다. 당시 이슈였던 미국 할리우드 배급사 UIP의 직배에 반대하는 투쟁의 선봉에 섰던 영화인이 바로 정지영 감독이었다. 대부분의 극장들이 영화인들과 여론의 눈치를 보면서 직배 영화들을 받지 않았는데 유독 강남의 한 극장이 직배 영화를 받기 시작했다. 그러자 정지영 감독은 항의하는 의미로 뜻을 같이하는 동료들과 함께 극장에 뱀을 풀어 놓았다가 구속되기에 이르렀다.

당시로서는 큰 이슈였다. 그는 〈남부군〉 같은 대작을 연출한 유명 감독이었기 때문이다. 당시 정지영 감독의 논리는 덩치 큰 미국 영화들이 무차별적으로 들어오면 열악한 환경에 있는 한국의 영화 산업은 순식간에 붕괴된다는 것이었다. 어느 정도 수긍이 가는 말이다. 당

* 조지프 히스는 《자본주의를 의심하는 이들을 위한 경제학》에서 더바디샵The Body Shop이 펼친 '원조가 아닌 무역Trade not Aid' 캠페인의 참담한 결과와 '공정무역 커피 전도사'처럼 행동하고 있는 스타벅스의 허점을 잘 설명하고 있다.

시 충무로의 영화 산업은 할리우드와 비교하면 구조 면에서나 규모 면에서 비교조차 할 수 없었기 때문이다.

정지영 감독은 '스크린쿼터 사수 비상대책위 집행위원장'도 맡을 정도로 무분별한 시장 개방을 반대하는 문화계의 핵심 인물이다. 사회를 보는 시각도 상당히 진보적인 예술인이다. 그는 〈헐리우드 키드의 생애〉를 통해 '성급한 문화 개방으로 결국 우리의 영혼은 말살되고 정체성까지 빼앗기게 된다'는 말을 하고 싶었던 것으로 보인다.

물론 앞서 언급했듯이 정지영 감독이 우려했던 상황은 오지 않았다. 영화 시장의 개방은 오히려 한국 영화가 발전된 영화 기술이나 제작 시스템을 적극적으로 차용하는 계기가 되었다. 그리고 지금 우리 영화들은 세계 유수의 영화제에서 수상의 영예를 누리며 명성을 떨치고 있다. 실력 있는 감독이나 배우들의 해외 진출은 더 이상 큰 뉴스조차 되지 않을 정도이다.

하지만 정지영 감독이 지키고자 했던 가치만큼은 결코 무시해서는 안 된다. 그가 그토록 지키고자 했던 '스크린쿼터' 같은 보완 장치들이 개방의 완충 역할을 했음을 간과해선 안 된다. 지금도 그는 영화의 현장에서 사회의 부조리한 면을 들여다보며 관객들과 대화할 준비를 하고 있을 것이다.

앞서 언급한 사건을 겪은 후 정지영 감독은 〈헐리우드 키드의 생애〉를 만들었다. 독고영재와 최민수의 열연이 돋보였던 영화이다. 여기에는 당시 미국 영화 직배와 문화시장 개방을 두려워하는 시선이 깔려 있다. 한마디로 서구 문화에 우리 민족의 혼을 빼앗길지도 모른다는 우려가 드러나고 있다.

주인공인 병석은 걸작 시나리오로 영화제에서 상을 받는다. 하지만 그 시나리오는 외국의 걸작 영화들 속의 명대사와 장면들을 짜깁기한 표절 시나리오였다. 병석이 의도적으로 베낀 것은 아니었다. 자신의 정체성에 대한 고민이 없이 무작정 외국 명작들을 보다 보니 자신도 모르게 표절을 하게 된 것이다.

그런데 영화 속의 상황을 거꾸로 생각해 보자. 만일 병석이 외국 걸작들을 보면서 자신을 돌아보고 내실을 기하는 데 충실했더라면 과연 그가 표절 시나리오를 쓰게 되었을까? 오히려 걸작들의 교훈에 자기 자신만의 색을 조화시킨 멋진 창작물이 나왔을지도 모른다. 이는 지금 현재 세계에 이름을 떨치고 있는 한국 영화의 위상을 통해 충분히 증명되고 있다.

영화 시장의 개방 문제도 마찬가지다. 결국 미국 영화 직배를 받아들이긴 했지만 그 과정과 이면에서는 스크린쿼터라는 자국 영화 보호 장치도 있었고 이해당사자들의 충분한 노력들도 있었다. 그래서 그 충격을 최소화할 수 있었다. 오히려 한국 영화의 질적 발전에 많은 도움을 줄 수 있었다.

이처럼 개방이 필연적인 것이라면 무조건적으로 막을 일이 아니라 충분한 사회적 논의를 거치면서 제도적 보완 장치를 고민하는 것이 필요하다. 김대중 정부 시절에 '일본 대중문화 개방'을 할 당시에도 우려가 적지 않았는데, 결국은 기우였던 것으로 확인되었다.

1998년 10월에 김대중 정부는 일본 대중문화에 대한 개방 방침을 천명하고, 바로 1차 개방을 시행했다. 1차 개방은 한일 공동제작 영화 또는 세계 4대 영화제(칸, 베를린, 베니스, 아카데미)에서 수상한 일본 영화로 한정했다. 이듬해 9월에는 기타 국제영화제 수상작과 전체 관람가 영화로 그 폭을 확대하였고, 다시 2000년에는 영화를 비롯해 게임, 공연, 방송 등 다른 문화 콘텐츠에 대해서도 개방의 폭을 넓혔다. 충격을 완화하기 위해서 매년 단계적으로 개방의 폭을 넓힌 것이었다.

여기서 중요한 사실을 하나 깨닫게 된다. 반대가 많은 정책일수록 '과정'과 '논의'가 중요하다는 사실이다. 이러한 과정을 통해 충무로의 유능한 제작자들과 감독들은 더욱 긴장하고 분발하면서 할리우드 영화를 벤치마킹하고 연구했다. 그 결과 〈결혼 이야기〉를 비롯한 이른바 웰메이드well-made 상업영화들이 쏟아져 나오기 시작했다. 지금 우리 관객들은 그만그만한 할리우드 영화보다 우리 정서에 잘 맞으면서도 완성도가 높은 한국 영화를 선호하게 되었다.

"나도 내 자신에게 속은 거야. 나 임병석이 헐리우드 키드한테 속은 거야."

병석은 자신도 모르는 사이에 외국 영화의 명장면을 짜깁기하여 영화를 만들었다. 자신의 정체성에 대한 고민이 없이 무작정 외국 명작들을 보다 보니 자신도 모르게 표절을 하게 된 것이다.

바둑도 고수와 겨루어야 실력이 향상

우리 주변에는 박정희 대통령 최대의 업적이 경부고속도로 건설이라고 말하는 사람들이 적지 않다. 특히 박정희 추종자들 중에는 경부고속도로 건설이나 포항제철의 설립을 내세우는 경우가 많다. 그러한 주장은 박정희 대통령을 세계 다른 나라의 독재자들 반열에 함께 세워 놓는 결과를 초래한다. 시설물의 건설은 정도의 차이가 있기는 하지만 반대가 있어도 강압통치를 통해 대부분 가능하다. 국가 재정을 투입하여 눈에 보이는 시설물을 건설하는 것은 국가 미래에 대한 비전이 없어도 가능한 일이다. 그것은 개인의 돈과 역량으로 하는 것이 아니라 국민의 돈, 세금으로 하는 것이기 때문이다.

국민의 세금인 재정을 투입한 것이 업적이라면, 전두환 대통령은 국립도서관, 예술의 전당, 현대미술관을 지은 문화의 대통령으로, 노태우 대통령은 인천 국제공항, 새만금 방조제의 건설을 시작한 위대한 대통령으로 칭송되어야 할 것이다.

워싱턴의 스미소니언 박물관이나 로마의 콜로세움 경기장은 국가 예산이 아니라 개인이 희사한 돈으로 지은 건축물이어서 위대한 존재성이 부각된다. 그래서 콜로세움은 원래 플라비우스 원형투기장이라는 이름을 갖고 있었다고 한다. 플라비우스 가문 출신의 베스파시아누스 황제가 사재로 건설했기 때문이다. 당시의 로마에서는 도로 보수 비용의 일부를 부담해도 그 사실을 기록한 비문을 세우는 것이 허용되었다. 그래서 고대 로마인의 묘비를 보면 공공의 이익에 기여한 행적이 상세하게 기록되어 있다. 거미줄처럼 얽혀 있는 로마의 도로가 30만km에 달했던 이유도 바로 여기에 있을 것이다.

국가가 나아가야 할 전략을 선택할 때에는 미래를 바라보는 혜안이 중요하다. 당장에는 눈에 보이지 않기 때문에 반대자들을 설득하기도 무척 어렵다. 박정희 대통령은 당시 수출 주도형 개방경제 전략을 채택하면서 국내의 엄청난 반대 여론에 부딪쳤다. 경부고속도로는 가시적인 성과를 반대자들에게 금방 내놓을 수 있었지만, 수출 주도형 개방 전략은 소위 '종속이론' 등과 같은, 끝임 없는 반대에 직면해야만 했다. 학자들의 저항도 격렬했다. 어쨌든 이러한 반대를 극복하면서 개발 초기부터 '정부 주도, 수출 주도의 대외개방 전략government-led, export-led open-door policy'을 채택하고 이를 강력히 추진해 나간 것이 박정희의 가장 큰 업적이라고 할 수 있다.

우리나라의 압축 성장은 정치적 입장을 떠나 공히 인정을 받는 분위기인 것으로 보인다. 박정희 시절의 경제 발전 모델은 '수입 대체'가 아닌 '수출 주도' 전략이었다. 우리나라의 놀라운 경제 성장은 개방의 결과이다. 제2차 세계대전 이후 식민지에서 벗어난 국가들은 대부분 경제 자립이라는 목표 아래 수입 대체 전략을 선택했다. 그래서 자급자족에 필요한 산업부터 육성해 나갔다. 당시 수출 주도의 개방 전략을 택한 나라는 우리나라와 대만, 싱가포르 정도였다. 사실 1970년대 초반에 제3차 경제개발 5개년계획을 수립할 때만 해도 '자급자족을 위한 농업'과 '수출을 위한 공업'을 동시에 발전시켜 나갈 수 있는지가 최대의 논쟁거리였다.* 결국 '농공병진'이 가능하다고 판단하

---

* 필자는 군복무를 마치고 1977년에 경제기획원에 복귀한 후 제4차 경제개발 5개년계획 수립 작업에 참여했다. 4차 경제개발계획을 수립하면서 선배들로부터 설명들은 내용이다.

여 자급농 추진과 대외지향적 공업화를 동시에 추진하게 된 것이다.

반면 북한은 우리와 정반대의 길을 걸었다. 북한은 민족자본을 바탕으로 한 자립경제를 내세우며 수입 대체 전략을 선택했다. 초기에는 수입 대체를 택한 나라들도 별 문제가 없었다. 북한 역시 1970년대 초반까지는 우리보다 안정적인 경제 구조를 갖추고 있었다. 그러나 자급자족과 폐쇄경제는 점차 활력을 잃을 수밖에 없었다. 결국 1970년대 중반에는 남한의 수출 주도 경제가 북한을 앞서게 되었고, 이후 그 격차는 더욱 벌어지게 되었다.

만일 당시의 아시아나 남아메리카의 다른 국가들도 우리나라처럼 개방경제를 채택했더라면 결과는 어떻게 되었을까? 브릭스(BRICs)를 보면 알 수 있다. 브릭스는 브라질Brazil, 러시아Russia, 인도India, 중국China의 영문 첫 글자를 따서 만든 말로, 이들 국가는 1990년대에 들어서야 본격적인 개방을 했다. 그런데 벌써 '브릭스'라는 별칭으로 불리며 막강한 힘을 발휘하고 있다. 우리 경제는 현재 이들 국가들의 추격을 경계하면서 힘겹게 달리고 있는 중이다. 그나마 우리가 일찌감치 대외개방 전략을 추진하여 이들 국가들보다 멀리 달려 나가 있다는 사실을 다행으로 생각해야 한다.

최근의 글로벌 경제 환경을 한번 살펴보면, 선진국들은 이미 우루과이 라운드를 통해 GATT 체제를 WTO 체제로 전환한 데 이어 FTA 체제로까지 나아가고 있다. 이런 환경으로 인해 예전과는 달리 개발도상국들의 수출 주도형 전략이 손쉽게 뻗어나가지 못한 채 막혀 있다. 이런 상황을 생각하면 소위 '사다리가 걷어차여지기 이전의 시기'에 우리가 일찌감치 대외개방 전략을 선택했던 것을 다시 한번 다행으로 받아들여야 한다.*

경쟁을 거치지 않고 정부의 보호 속에서 성장한 산업은 온실 속의 화초와 같다. 온실 안에서만 자란 화초는 주변 환경이 조금만 바뀌어도 금세 고사하고 만다. 아이의 체력이 약하다고 해서 엄마 품속에서만 자랄 수는 없는 노릇이다. 경제도 마찬가지이다. 때로는 정부의 보호가 필요하지만 언젠가는 온실 밖으로 나와야 한다. 보호에 익숙해질수록 홀로서기는 디딜 수밖에 없다. 바둑도 고수와 겨뤄야 실력이 늘고, 물고기는 큰 물에서 놀아야 스스로를 살찌울 수 있다. 개방과 경쟁은 우리가 피하고 싶다고 해서 피할 수 있는 것이 아니다. 처음에는 누구나 두렵겠지만 한번 극복하면 그 결과가 가져오는 열매는 달 것이다.

우리는 지난 역사의 교훈을 잊지 말아야 한다. 폐쇄된 사회에서는 결코 국제적 경쟁력을 갖추기 어렵다는 것이 현대 경제사, 한국 경제사의 교훈이다. "경쟁력을 키운 다음 개방하자"는 명제보다는 "경쟁력은 개방과 함께 온다"는 명제를 이제는 받아들여야 한다.

---

* 장하준 교수는 "사다리 걷어차기"라는 개념을 들면서 선진국들의 신자유주의 기조를 적나라하게 비판하고 있다 즉 오늘날 세계화와 자유무역의 전도사 역할를 자처하는 선진국들이 자국 발전단계에서는 자국 산업보호를 위해 관세인상, 정부지원 등을 칠옹성처럼 동원하다가 선진국 반열에 오른 후에는 보호주의라는 사다리를 걷어차 버리는 위선적 행태를 보이고 있다고 하면서 개도국들에게 불리한 게임을 강요하고 있다고 지적하고 있다.

어떤 경제가 우리를 행복하게 하는가

7

‘소비하기 좋은 사회’가
‘기업하기 좋은 사회’를
만든다

〈원스 어폰 어 타임 인 아메리카〉와 서비스 산업

금주법이 오히려 범죄율을 높이다

만일 술 마시는 행위를 불법으로 규정하게 되면 어떤 일이 벌어질까? 현실적으로 가능성이 없는 이야기이긴 하다. 하지만 실제로 금주법이 제정된다면 거의 폭동에 버금가는 대대적인 반발이 일어나지 않을까 싶다. 더 솔직히 말하면 마시고 싶은 사람들은 결국 다 숨어서 마실 것이다. 또 누군가는 몰래 술을 밀수입하거나 밀조해서 판매할 것이다. 수년 전 우리나라에서는 '금연' 수준이 아니라, 아예 담배 제조를 금지하는 법을 제정하려는 시도가 있었다. 국민 건강에 백해무익한 만큼 사용하지 못하도록(금연) 하는 것보다 아예 만들지 못하도록 하자는 주장이었다. 그렇다면 밀수는 어떻게 막을 수 있을까? 각 개인들이 비밀리에 제조하는 것은 어떻게 단속할 수 있을까?

잘 알려져 있듯이 미국에서는 실제로 금주법이 시행된 적이 있었다. 1920년 미국의 수정헌법 18조에 근거해서 제정된 볼스티드 법 Volstead Act이 바로 그것이다. 이 법에 의해 알코올 농도가 0.5% 이상이면 불법으로 간주되었는데, 이것은 결국 술을 아예 마시지 말라는 의미라 할 수 있다. 많은 학자들은 미국의 뿌리 깊은 청교도적 윤리의식이 금주법을 제정하는 중요한 배경이 된 것으로 보고 있다. 음주가 무절제와 타락, 나아가 범죄를 초래한다는 견해인데 당시 실제로 많은 기독교 단체들이 금주법의 제정을 지지했다.

이탈리아 출신의 세계적인 명감독 세르지오 레오네는 영화〈원스 어폰 어 타임 인 아메리카Once Upon a Time in America〉에 금주법이 시행되던 시대의 풍경을 담았다. 세르지오 레오네 감독은 클린트 이스트우드를 일약 세계적인 스타로 만들어 준 '무법자 3부작'으로 유명하다. 〈원스 어폰 어 타임 인 아메리카〉는 그의 유작으로, 상영 시간만 무려 226분에 달하는 대작이다. 특히 주연을 맡은 로버트 드니로의 명연기가 돋보이는 영화였다. 또 이 영화로 데뷔한 제니퍼 코넬리의 청순한 미모가 깊은 인상을 남겼다.

이 영화는 1920년대를 배경으로 활약하던 유태인 갱들의 형성 과정과 우정, 그리고 배신 등을 다루고 있다. 당시는 '알 카포네' 등으로

1920년대 미국을 배경으로 한 영화 〈원스 어폰 어 타임 인 아메리카〉는 정당한 소비가 규제로 묶이는 경우에 생기는 부정적인 효과를 잘 보여 주는 영화이다. 금주법은 애초의 목적과 달리 불법적 소비와 범죄를 양산하는 부작용을 낳았다.

대표되는 갱스터들의 무법천지였다. 예나 지금이나 갱스터들이 관여하는 사업이란 대체로 큰 차이가 없다. 매춘이나 마약 같은 불법적 사업들이다. 당시에는 술을 판매하는 일이 법으로 금지되어 있었다. 따라서 이들로서는 은밀히 술을 파는 것만큼 좋은 돈벌이 수단도 없었을 것이다.

영화에는 지상에서 보면 멀쩡한 레스토랑인데 비밀통로를 통해 지하로 들어가면 잘 꾸며 놓은 비밀 연회장이 나오는 장면이 있다. 그곳에서 파는 건 당연히 술과 매춘부들이다. 벽에 연결되어 있는 난방기구 배수관의 수도꼭지를 돌리면 물대신 술이 나오는 재미있는 설정도 있다. 손님들은 커피 잔으로 술을 받아 마신다. 혹시 있을지도 모를 단속에 치밀하게 대비하는 것이다. 참으로 아이러니한 상황이 아닐 수 없다. 술의 폐해를 막기 위해 금지시켰는데 오히려 불법과 퇴폐가 조장되고 있는 것이다. 더욱이 불법 영업이 갱들의 주 수입원 가운데 하나가 되면서 당시 미국의 범죄율은 하늘 높은 줄 모르고 치솟았다고 한다. 이 영화에서도 술의 밀매는 갱 조직의 가장 중요한 생존 기반으로 묘사되고 있다.

정당한 소비가 규제로 묶이는 경우에 생기는 부정적인 효과를 잘 보여 주는 영화이다. 금주법은 무엇보다도 술의 판매가 가져다주는 정상적인 경제 효과를 원천적으로 막아 버렸다는 점이 큰 문제였다. 은밀하게 판매가 되니 나라에서는 세금을 걷을 수 없었고, 술 판매를 통해 벌어들인 수익은 오로지 갱들이 세력을 확장하는 데에만 사용되었기 때문이다. 또 양조 산업을 통해 기대할 수 있는 고용 효과도 원천적으로 차단되었음을 감안하면 여러모로 민간 경제에 악영향을 주었다고 할 수 있다.

그 후 1929년에는 대공황이 찾아왔는데, 어쩌면 금주법과 같은 경직된 규제와 그로 인한 범죄율의 증가가 대공황을 초래하는 데 한몫을 한 것이 아닐까 싶다. 결국 이러한 부작용들로 인해 금주법은 지속적인 반발에 부닥쳤고, 결국 '금주법 폐지'를 선거 공약으로 내걸었던 프랭클린 루즈벨트가 대통령에 당선되면서 1932년 12월에 완전히 폐지되었다.

저축은 더 이상 미덕이 아니다

나이가 좀 든 사람들은 소비를 죄악시하는 경향들이 있다. 최근 들어 많이 바뀌긴 했지만, 그래도 여전한 구석이 있다. 과거의 '개발독재 시대'에는 경제개발을 위한 재원이 부족했기 때문에 자본 확보가 가장 시급한 과제였다. 그래서 그때는 덜 쓰고 더 열심히 일하면서 산업역군이 되는 것이 가장 큰 미덕이었다. 특히 1970년대에는 저축운동이 대대적으로 전개되었다. 우체국 직원들이 학교에 파견되어 학생들에게 통장을 만들어 주는 한편 '저축왕'을 선정하여 포상을 하기도 했다. 가정에서는 항아리 하나를 별도로 마련해 놓고 밥을 지을 때마다 쌀 한 숟가락을 덜어서는 항아리에 모아 두는 절미節米 운동도 전개했다.

그 무렵에는 외국산 제품을 사용하거나 값비싼 사치품을 구입하면 매국적인 행위로 간주되곤 했다. 그런 탓에 외제 시계나 양주를 사는 부유층의 소비 행태를 비난하는 기사가 자주 등장했다. 요즘도 그런

식의 기사가 아주 없는 것은 아니다. 국민들 역시 부자들의 과소비에 대해 불만이 깃든 시선으로 바라보는 것이 사실이다. 국민정서라는 측면에서야 충분히 이해할 수 있는 일이지만 올바른 시선이라고 보기는 어렵다. 우리나라의 경우 1997년에 외환위기를 맞기 이전까지는 총저축률이 국내 총투자율을 밑돌았다. 따라서 투자 재원의 일부는 해외에서 빌려와야 했다. 그러나 1998년 이후에는 경상수지 흑자가 지속되면서 국내 재원만으로도 투자 재원을 조달할 수 있게 되었다. 부족한 저축 때문에 해외로부터 자본을 차입하던 과거와는 전혀 다른 상황에 놓이게 된 것이다.

외환위기 직후 '경제가 어렵다는 이유로 무작정 허리띠를 졸라매기만 하면 안 된다'는 메시지가 담긴 공익광고가 있었다. 경제 활성화를 위해 소비를 진작하려는 목적의 광고였다. 케인즈는 자신의 유효수요 이론을 사람들에게 직관적으로 이해시키기 위해 절약의 역설paradox of thrift이라는 이론을 고안했다. 이 광고는 그 의미를 케인즈보다 더 효과적으로 국민들에게 전달했다. 우리 사회에서는 아직 부자들이 마음 놓고 소비할 수 있는 분위기가 마련되어 있지 않다. 그러나 부자들이 지갑을 닫으면 경기는 더욱 침체되게 마련이다. 그 후유증은 고스란히 일반 국민들에게 전해진다. 이제 더 이상 저축이 미덕인 사회가 아니다. 물론 '절약의 역설'이 어떠한 경제 상황에서도 모두 적용되는 것은 아니다. 그러나 지금처럼 경제활동이 위축되어 내수를 진작시킬 필요가 있을 때에는 더더욱 저축을 미덕으로 생각할 수가 없다.

'소비'에 대한 인식의 전환이 필요하다

경제 성장의 두 견인차를 수출과 내수(민간 소비)로 볼 때, 한국 경제의 성장률은 대부분 수출에 의존하고 있다. 특히 국민총생산(GDP)에서 수출이 차지하는 비중은 2007년까지만 해도 41% 이하 수준이었으나 2008년부터는 50%를 넘었고, 급기야 2010년 2/4분기부터는 거의 민간 소비를 앞질러 나기기 시작했다. 내·외수의 양극화가 심각한 상황이다. 다른 나라와 비교해 보자.

2011년 삼성경제연구소가 발표한 〈수출과 내수 간의 연계성 분석 및 시사점〉을 보면, 2010년을 기준으로 GDP에서 민간 소비가 차지하는 비중이 미국 70.6%, 영국 65.7%, 캐나다 58.1%, 이탈리아 60.4%, 일본 58.6%, 프랑스 58.2%, 독일 57.9%로 G7 국가들은 58~70% 수준이다. 반면 한국은 52.5%를 나타내고 있어 상대적으로 민간 소비 비중이 낮음을 알 수 있다. 이러한 통계는 소득 2만 달러 당시의 민간 소비 비중을 비교해 보아도 다르지 않다. 즉 G7 국가들이 소득 2만 달러였을 당시 GDP 대비 민간 소비 비중은 미국 65.7%, 영국 64%였고 가장 낮은 수준이었던 일본도 54.4%였다. 우리가 2010년도*에 52.5%를 나타냈음을 감안하면 우리의 민간 소비 수준이 현저히 낮다는 사실을 알 수 있다.

우리 경제가 지속적으로 성장해 나가려면, 지금과 같은 수출 중심 단발 엔진을 수출과 소비 중심의 쌍발 엔진으로 바꿔 나가야 한다. 아

---

* 우리나라는 1995년 1만 달러를 넘어선 지 12년 만인 2007년 2만 달러를 처음으로 넘었으나 이듬해 글로벌 금융위기 등으로 인해 다시 2만 달러 이하로 떨어지더니 2010년 20,757달러를 기록하였다.

울러 합리적인 소비가 미덕이 되는 사회로 가야 한다. 우리는 종종 경제활동의 소비 주체인 가계(개인)의 비합리적 소비 행태에 대해 질타를 하곤 한다. 소위 과소비, 충동소비, 모방소비, 과시소비 등 비합리적인 소비는 가계는 물론 경제 전반에 악영향을 미친다고 비판하는 것이다.

과소비란 무엇일까? 경제학적 표현을 빌리면 '자신의 현재와 예상되는 미래소득(예산) 수준을 초과하여 현재 또는 미래의 경제 활동에 큰 부담을 초래하는 소비'라고 한다. 얼핏 보기에 그럴 듯하지만 현실세계에서는 과소비를 객관적으로 판단하기가 힘든 것이 사실이다. '소득 수준'을 판단하는 것도 개인의 몫이며 '큰 부담'을 판단하는 것도 개인의 주관적 판단이기 때문이다. 여기서 한 가지 강조해 둘 것이 있다. 돈을 많이 버는 사람이 버는 만큼의 돈을 쓰는 것은 과소비라 할 수 없다. 따라서 부자들이 많은 돈을 쓰는 것을 놓고 '사회악'이라고 말할 수는 없는 것이다. 여론의 질타를 받을 일은 더더욱 아니다. 무엇보다 중요한 것이 있다. 경제는 과소비와 소비를 구별하지 않는다는 점이다. 소비가 있어야 기업들은 투자를 하고, 투자를 해야 일자리가 생긴다. 일자리가 생겨야 소득이 발생하고, 소득이 발생해야 소비가 늘어난다.

우리나라 GDP의 50% 이상을 소비 부문이 차지하고 있듯이 소비 행위는 우리 경제를 떠받치는 근간이라 할 수 있다. 우리는 흔히 '기업하기 좋은 사회'가 되어야 한다고 이야기한다. 정부는 기업하기 좋은 사회를 만들겠다며 규제도 풀고 정책도 발표한다. 이명박 정부가 들어서면서 기업 활동에 방해가 되는 '전봇대'를 뽑는다고 야단법석

어떤 경제가 우리를 행복하게 하는가

을 떤 적이 있다. 그러나 우리나라의 경제 발전 단계에서는 '소비하기 좋은 사회'가 '기업하기 좋은 사회'의 선행조건임을 인식해야 한다. 소비에 대한 사고의 전환이 필요하다.

사람들이 진정으로 원하는 것

'페이스북'은 마크 주커버그Mark Elliot Zuckerberg라는 젊은이가 하버드 대학에 재학하는 시절에 만든 소셜 네트워크 서비스(SNS)이다. 1984년에 뉴욕에서 태어난 마크 주커버그는 빌 게이츠와 스티브 잡스도 칭송해마지 않은 천재 컴퓨터 프로그래머이자 사업가로서, 스물세 살에 최연소 억만장자로 기록되었다. 그가 만든 페이스북은 지난 5월 상장할 당시의 가치가 1000억 달러(약 110조 원)에 달했다. 지금은 주가가 많이 하락해 논란이 있기는 하지만 그 영향력과 가능성에 대해서는 누구도 이견을 붙이지 않는다.

그는 중학교 시절에 취미로 소프트웨어 프로그램 개발을 시작했다. 그것이 차세대 인터넷 혁명을 일으키는 새로운 소셜 네트워크 서비스의 탄생으로 이어질 것으로는 그 누구도 예상하지 못했다. 페이스북 사용자는 2010년에 5억 명을 넘어섰고 지난 9월 14일에는 10억 명을 돌파했다. 물론 중복 가입이 가능하기 때문에 정확한 수치라 할 수는 없지만, 이는 전 세계 인구의 7분의 1에 해당한다. 세계 곳곳에서 살고 있는 개인들의 정보가 엄청난 양의 데이터베이스로 집적되어 있는 것이다. 이것이 바로 페이스북의 무궁무진한 가치이자 성장 가능성이다.

사실 이러한 소셜 네트워크 서비스의 원조는 한국이라 할 수 있다. 한때 유행이 되었던 동창생 인맥 찾기 서비스인 '아이러브스쿨'도 있었고 소위 인터넷 일기장으로 많은 인기를 얻은 '싸이월드'도 있었다. 그런데 이러한 국내의 원조 SNS 서비스들이 세계적으로 더 성장하지 못한 채 우물 안에 갇힌 개구리가 되고 만 이유는 무엇일까? 여러 가지 이유를 들 수 있지만 근본적으로는 '페이스북'과 달리 서비스의 개발을 외부에 개방하지 않아 혁신에 뒤쳐질 수밖에 없었다는 점이다. 또 정부의 규제 때문에 주민등록번호 입력처럼 번거로운 가입 절차가 큰 걸림돌로 작용했다는 지적도 있다.

영화 〈소셜 네트워크The Social Network〉를 통해 알게 된 주커버그는 엄밀하게 말해 사회적 부적응자였다. 명석한 두뇌와 뛰어난 학습 능력을 지닌 천재형 인간이지만, 성격적 결함도 그에 못지않게 많은 인물인 것이다. 여자 친구와 데이트를 하는 그는 그녀의 학력을 은근히 무시하면서 자신의 이야기만 하려고 한다. 여자 친구에게 차이고 나서는 그녀의 은밀한 사생활을 인터넷 공간에 까발려 놓으면서 험담을 늘어놓기도 한다. 다른 사람의 아이디어를 훔친 혐의도 있는데, 이것이 논란의 핵심이 되고 있다. 또 자신에게 아낌없는 도움을 준 동

"사람들이 인터넷에 접속해서 이것저것 해 보지만 결국 그들이 진정 원하는 건……."

사람들이 진정으로 원하는 것! 영화 〈소셜 네트워크〉에 비친 페이스북의 창립자 마크 주커버그의 모습은 여러 가지 단점이 많은 사람이다. 하지만 그는 이 시대가 원하는 것을 정확하게 파악한 인물이다.

업자 친구를 내친 적도 있었다. 자신의 성공을 위해서는 수단과 방법을 가리지 않는 인간형이다.

주커버그의 이러한 캐릭터와 관계없이 주목하고 싶은 점이 있다. 그는 바로 이 시대가 원하는 것을 정확하게 파악하고 그것을 실행할 추진력을 가진 인간이라는 점이다. 이 점이 페이스북의 근간이기도 하다. 주변의 사람들이 무엇을 원하는지, 그리고 내가 무엇을 원하는지, 혹은 무엇을 알고 싶은지를 정확하게 짚어내고 제공할 수 있는 것이다. 마크 주커버그의 성공신화는 현대 산업사회의 핵심이 사람들이 원하는 것을 제공하는 서비스업임을 증명하고 있다. 소비하기 좋은 사회에서는 서비스 산업이 번창한다.

해답은 서비스 산업 발전에 있다

몇 해 전 부산 신항만 건설 현장을 찾은 적이 있다. 많은 국가 재원이 투입된 사업이어서 직접 눈으로 확인할 필요가 있었다. 현장을 방문한 필자는 건설 현장이 너무나 조용하다는 사실에 놀랐다. 그만한 규모의 건설 현장이면 수많은 인력이 투입되어 시끌벅적할 것으로 예상했는데, 막상 현장에서 보니 대형 크레인과 덤프트럭들만 오고 갈 뿐 인력은 별로 눈에 띄지 않았다.

한때 SOC 사업은 일자리를 창출할 수 있는 최고의 사업장이었다. 고속도로를 건설하면 전국의 건설 인력들이 모여 들었고, 인근 지역의 부녀자들도 잡역부로 나설 정도였다. 하지만 부산 신항만 건설 현장을 방문한 후 필자는 SOC사업의 고용 창출력이 예전만 못함을 다시금 실감할 수 있었다.

그런 의미에서 볼 때 이제 새로운 일자리는 사람만이 할 수 있는 분야에서 창출될 것이다. 사람의 손과 두뇌, 그리고 품격을 필요로 하는 서비스 산업을 말하는 것이다. 경제가 발전할수록 제조업이 차지하는 비중은 점차 줄어들기 마련이다. 선진국에서는 임금과 땅값이 비싸 생산 비용이 높아지므로 가격 경쟁에 민감한 제조업은 비용이 싼 저개발국으로 이동할 수밖에 없다. 노동 집약 산업인 섬유 산업이 18세기 영국에서 발흥하여 19세기에 미국을 거쳐 20세기에 한국과 동아시아, 다시 중국과 동남아시아로 이전해 가는 것을 보면 알 수 있다.

제조업이 떠난 빈자리는 결국 서비스 산업이 채워 나가게 된다. 서비스산업의 폭은 동네 음식점에서부터 금융·법률·컨설팅·유통·레저 등에 이르기까지 매우 넓다. 제공되는 서비스도 단순한 노동력에서부터 고부가가치의 지식 서비스까지 다양하다. 국민들과 가장 밀접한 관계에 있는 의료·교육·문화도 서비스업에 속한다. 결국 우리가 누리고 있는 모든 일상생활이 서비스 산업과 관련이 있다 해도 과언이 아니다. 결과적으로 서비스 산업이 일자리 창출에도 효과적이다. 2010년 현재 10억 원을 투자할 때 발생하는 취업자 수는 제조업과 건설업이 각각 7명과 13명인 데 반해 서비스업은 16명에 달한다.

우리나라에서는 서비스 산업 전반에 걸친 규제와 진입 장벽이 있어 이 부문의 발전을 가로막고 있다. 일례로 의료 산업의 경우 선진국의 병원에서는 병상 1개당 고용 창출 효과가 약 40명 정도라고 한다. 그러나 우리나라에서는 한 군데 병원만이 병상 1개당 4명 정도의 고용을 창출할 뿐, 대부분의 병원은 1~2명의 일자리를 만들어 내는 데 그치는 것으로 알려져 있다.

현재 국내의 병원은 비영리 의료법인이 운영해야 한다. 학교 역시 비영리 학교법인만이 운영할 수 있다. 병원이나 학교는 돈을 벌어서는 안 된다는 이야기인 것이다. 따라서 기업가 정신을 가진 어떤 사람이 전혀 새로운 의료 시스템, 또는 차별화된 교육 서비스를 제공하려 해도 불가능한 환경이다. 이런 상황에서는 투자가 이루어지기 힘들고, 소비자들도 차별화된 서비스를 받기 위해 해외로 나갈 수밖에 없다. 현재 우리나라는 수업료, 병원비, 보육료 등을 꽁꽁 묶어 놓고 있다.

물론 이에 대한 반론도 있다. 이런 주장이다. "보육료 상한제를 풀어 놓을 경우 젖먹이 시절부터 경쟁 체제에 뛰어들도록 만들어 결국 서민들의 박탈감이 더욱 심해질 것이다. 부자들은 비싼 보육원에 다니면서 최고 수준의 교육을 받고, 가난한 사람들은 값싼 보육원에서 질 낮은 교육을 받게 된다면 사회적 위화감이 조성될 것이다. 이는 또 가난한 사람의 발전 기회를 빼앗는 것이다."

물론 한국의 국민의료보험제도와 공교육 시스템은 긍정적 기능이 많다. 저가 양질의 서비스 제공으로 국민 후생이 증대되고 있으며 기회 균등 및 계층 간 위화감 해소에도 긍정적 역할을 하고 있다. 인도와 필리핀의 역설도 있다. 우리나라보다 의료 기술 수준이 낮음에도 불구하고 저가의 의료비를 무기로 국제 의료 수요를 흡수하고 있다.

한편 민영 의료는 의료 산업 전체의 가격 상승을 유발할 가능성도 있다. 영화 〈존 큐〉에 나오는 민간 보험회사의 비리를 먼 나라의 이야기로만 치부할 일은 아니다. 경우는 달라도 우리나라의 경우도 의료 서비스와 관련하여 부도덕하다고 보이는 사연들이 해마다 수십 건씩 인터넷 커뮤니티에 올라오고 있다. 의료보험의 사적 영역 확대는 조심스럽게 다뤄야 할 문제임이 분명하다.

그러나 모든 사람들이 같은 비용으로 동질의 서비스를 받을 수 있도록 하기란 실제로 불가능한 일이다. 또 이러한 노력은 서비스 산업의 발전을 저해하는 요인으로 작용한다. 이런 상황에서는 어느 누구도 서비스의 질을 높이려 하지 않고, 또 투자도 하지 않으려 할 것이기 때문이다. 잘하든 못하든 똑같이 100원을 받는다면 굳이 잘하고 싶은 생각이 없을 것이다.

결국 질 높은 서비스를 원하는 사람은 사적 부담을 감수하거나 해외로 눈을 돌릴 수밖에 없다. 지금도 부유층은 비싼 사교육비를 지출하는 것도 부족해 자녀를 해외에 유학 보낸다. 또 몸이 아프면 외국으로 의료 여행을 떠난다. 이들이 지출하는 사교육비는 결국 국내 사교육 시장의 경쟁을 심화시킴으로써 서민은 물론 중산층까지 힘들게 하고 있다. 억지로 묶어 놓은 교육비와 보육료가 부메랑이 되어 서민에게 돌아오는 것이다.

서비스 산업이 활성화되어 과감한 투자가 이루어진다면 많은 일자리의 창출을 기대할 수 있을 것이다. 이를 위해서는 서비스 산업의 성장을 가로막고 있는 진입 장벽을 제거해야 한다. 이는 재벌 문제의 출구가 될 수도 있다. 중소기업, 벤처기업들이 자생하는 환경이 만들어지는 기회도 될 것이다. 그럴 때 비로소 우리나라에도 마크 주커버그 같은 인물들이 마음 놓고 자신의 꿈을 펼칠 수 있을 것이다.

이제 상품만 팔던 시대는 지났다. 서비스를 함께 파는 시대가 되었다. 서비스 산업의 경쟁력을 향상시켜 해외 소비를 국내 소비로 바꾸어야 한다. 외국인들이 우리나라를 찾아와 소비를 하도록 만들어야 한다. 현재의 서비스 수준으로는 불가능하다. 과감한 시장 개방을 통해 서비스의 질을 높이고 투자자에게는 기업하기 좋은 환경을, 소비자에게는 소비하기 좋은 환경을 만들어 주는 것이 필요하다. 이렇게 새로운 서비스 기업들이 생겨나고 그 품질에 따라 상호경쟁이 이루어진다면 우리나라의 서비스 산업도 곧 세계적인 경쟁력을 갖출 수 있을 것이다.

사람 수출로 한국민의 세계화를!

한마디로 말하자면 상품 수출에서 사람 수출로 관심을 바꾸자는 것이다. 상품보다는 서비스로 승부하자는 것이다. 그동안 우리나라는 삼성, 현대, LG 등 대기업 중심의 제품 수출 드라이브 정책을 추진함으로써 세계 곳곳에서 성과를 거두었다. 그러나 이제 한계에 부딪혔다. 이러한 방식이 더 이상 일자리 창출이나 국민 복지에 기여하지 못하는 상황이 된 것이다. 이제는 대기업 제품의 수출을 중심에 놓는 기조에서 벗어나야 한다. 중소기업, 자영업자, 청년들이 해외에 진출하여, 소규모 제조업 또는 서비스업을 영위하거나 취업을 할 수 있도록 인프라를 구축할 필요가 있다.

사람 수출을 위해서는 기본적인 준비부터 시작해야 한다. 세계 각국을 대상으로 그 나라의 언어 등의 모든 자료를 취합하고 연구하면서 관련 인력을 양성하는 체제를 갖추어야 한다. 예를 들어 보자. 첫째, 전국의 대학으로부터 각각의 희망과 의견을 받아 1대학-1국가에 상응하는 연구 학과를 설치하도록 유도한다(A대학교-이란 학과, B대학교-파라과이 학과, C대학교-핀란드 학과, D대학교-에티오피아 학과 등 국가 연구 학과 설치). 둘째, 이 연구 학과에서 재학생들이 해당 국가의 언어, 역사, 정치, 경제, 사회, 문화 등을 연구하도록 하고, 그 나라에 진출했을 때 경쟁력이 될 전문 분야를 부전공하도록 하는 커리큘럼을 마련해야 한다. 셋째, 단계적으로 전 세계 각국에 대한 연구 학과를 한국의 대학에 설치하도록 유도한다. 넷째, 희망하는 지방 대학부터 우선적으로 설치하도록 하고 정부 지원도 추진한다.

이를 통해 무엇보다 우리나라 청년의 세계화를 이룰 수 있다. 글로벌 시대에 대학을 졸업하는 젊은이들이 자신이 전공한 나라로 진출해 우리 대기업의 해외 지사에 취업할 수도 있고 서비스업에 종사하게 될 수도 있다. 우리나라가 경쟁력을 갖춘 분야의 전문지식을 쌓아 해당국에 진출하면 성공할 가능성이 훨씬 높아진다. 이는 결국 한국민의 세계화를 가능하게 할 것이다. 지식과 인력의 해외 수출은 물론 중소기업과 중소제품의 수출 가능성까지 높아지게 될 것이다.

'과감한 시장 개방을 통해 서비스의 질을 높이고 투자자에게는 기업하기 좋은 환경을, 소비자에게는 소비하기 좋은 환경을 만들어 주는 것이 필요하다'는 논리에는 동의하면서도 그 과정에서 소비의 양극화와 소외계층의 상대적 박탈감이 발생한다는 이유로 반대하는 의견도 적지 않다. 기업하기 좋은 환경을 만든다는 것이 때로는 국민들에게 재벌 편향주의로 비칠 수도 있다. 충분히 일리가 있는 지적이다. 우리나라 산업의 중심인 재벌 기업들은 때때로 소비자들을 기만하기도 하고 때로는 약탈자의 모습을 보이기도 하면서 국민으로부터 신뢰를 잃어 온 것이 사실이다. 따라서 가능성이 있는 부작용들을 해결하는 것은 정부의 몫이 되어야 한다. 정부가 해야 할 일을 시장에 맡기면 안 된다. 재벌 기업들에 대한 적절한 규제를 당연하게 생각해야 한다. 아울러 시장이 해결하지 못하는 보육시설이나 노인시설, 장애인 시설에 집중적으로 지원을 해야 한다. 시장이 자율적으로 해결할 수 있는 곳은 민간에게 맡기고, 열악한 곳은 국가가 지원하는 것이다. 이러한 것을 포퓰리즘으로 매도해서는 안 될 것이다.

한 번 더 정리해서 말하면, 자본주의의 근간은 시장이다. 시장은 가격 메커니즘에 따라 작동한다. 가격을 왜곡시키거나 통제하는 것은 자본주의의 근간을 흔드는 일이다. 반값 등록금, 반값 아파트는 정치적으로 허황된 구호이다. 가격 통제는 자본주의를 부정하는 일이다. 체계적인 복지체계를 교란시킨다. 하지만 이와 관련하여 우리가 유념해야 할 점은 등록금과 아파트는 국민의 기본 수요인 교육과 주거에 관한 문제라는 사실이다. 돈이 없어서 대학을 갈 수 없거나, 길거리로 내몰려서는 안 된다. 국민들이 공부를 하겠다면서 대학을 가는 것은 장려해야 할 일이고, 국가가 해결해야 할 일이다. 그러나 가격체계를 무너뜨리는 방식으로 해결하면 안 된다.

8

21세기 창의적 경쟁력을 배우다

〈죽은 시인의 사회〉와 교육개혁

〈죽은 시인의 사회Dead Poet's Society〉라는 영화가 있다. 오래전에 개봉되었는데 코미디 배우로 알려진 로빈 윌리엄스가 열린 교육을 실천하는 멋진 영문학 교사인 '키팅'으로 나오는 영화이다. 그가 부임한 '웰튼Welton 아카데미'는 해마다 수많은 아이비리그 학생들을 배출하는 것으로 유명한 명문 사립학교이다. 당연히 학생들도 고위층이나 부자들의 자녀들이고, 학교의 엄격한 통제 하에 전원이 기숙사 생활을 하는 곳이다. 학교는 전통Traditon, 명예Honor, 규율, Discipline, 최고Excellence라는 교훈을 강조하며 명문대 진학을 최고의 가치로 생각하고 있다.

영화 속 설정이기는 하지만 미국에도 이와 유사한 학교가 몇 군데 있다. 내가 미국 예일대 대학원에 유학을 하고 있을 당시에 들은 이야기가 있었다. '예일대 학부에 들어오는 미국 학생은 유치원부터 정해져 있다'는 믿지 못할 이야기였다.

영화에서 학생들은 학교 이름을 '헬튼Hellton'으로, 교훈도 '익살

Travesty, 공포Horror, 퇴폐Decadence, 배설Excrement'로 바꿔 부른다. 그들은 몰래 담배도 피우면서 스트레스를 푼다. 하지만 대부분은 학교의 방침에 순응하며 '공부하는 기계'로 살아간다.

키팅 선생은 부임한 첫날부터 파격적인 교육 방식을 선보인다. 획일적인 가치를 가르치는 교과서의 한 챕터를 찢어 버리라고 주문하는가 하면, "카르페 디엠Carpe Diem" 즉 현재를 즐기라고 말하며 아이들의 경직된 생각을 흔들기 시작한다. 이 말은 영어로는 "seize the day" 즉 '때를 잡아라'라는 정도로 해석된다. 다시 말해 영화 속에도 나오듯 '시간이 있을 때 장미 봉우리를 거두라'는 의미다. 현재에 하고 싶은 것, 생각들을 미루지 말고 당장 실행하여 그 결실을 맺을 수 있도록 최선을 다하라는 의미다.

키팅 선생의 수업을 들은 학생들은 자신의 가치를 조금씩 재발견하기 시작한다. 특히 아버지의 강요로 의대에 진학할 계획을 가지고 있던 닐(로버트 숀 레너드)은 키팅의 가르침을 계기로 배우가 되는 꿈을 꾸기 시작한다. 재능이 받쳐 주지 않는다면 잘못된 판단이 될 수도 있었지만, 아버지 몰래 연극 오디션을 본 닐은 당당하게 주연급으로 캐스팅된다.

아들을 '자신의 욕망을 실현시킬 대리물' 정도로 생각하는 아버지는 닐을 그대로 내버려두지 않는다. 결국 모든 것이 밝혀지고 닐은 공연이 끝나자마자 아버지에게 붙들려간다. 아버지는 닐에게 사관학교로 전학을 시키겠다고 일방적인 통보를 한다. 이에 좌절한 나머지 닐은 자살이라는 극단적 선택을 한다. 명성에 흠집이 날 것을 우려한 학교 측은 모든 책임을 키팅 선생에게 뒤집어씌운 뒤 그를 파면시킨다.

이 대목에서 닐의 선택을 한번 생각해 볼 필요가 있다. 닐이 연기에 소질이 있다 해도 그것이 곧 나중에 훌륭한 배우가 된다는 보장은 아니다. 또 영화에서 자세히 설명되지는 않았지만 그는 어쩌면 연기만큼이나 의학 분야에도 소질이 있었는지 모른다. 그러나 적어도 자신의 인생을 선택할 수 있는 다양한 기회들이 그에게 주어지는 것이 옳은 일이 아니었을까? 그는 연극 연습을 이유로 공부를 게을리 한 것도 아니었다. 영화 속에서 닐은 심지어 연극 연습을 하는 외중에도 모든 과목에 최고 점수를 받는다. 그런 그가 자기 인생의 다른 면을 발견할 기회를 박탈당한 것이다.

사람들은 모두가 각자 다른 개성을 가지고 있다. 그들을 한 가지 틀에 끼워 맞추어 앞길을 정해 놓는다면 어떻게 될까? 일반적인 의미의 성공을 거둘 수는 있을 것이다. 하지만 그렇게 했을 때 과연 창의적이고 진취적인 생각들이 나올 수 있을까? 혹시 그들 가운데 누군가는 더 큰 사람이 될 기회를 놓치는 것일 수도 있는 만큼 진지한 고민이 필요하다.

"내 자신의 신념이 독특할 수 있음을 믿어야 한다. 너 자신만의 길을 찾아 걸어라."

사람들은 모두가 각자 다른 개성을 가지고 있다. 키팅 선생이 학생들에게 이야기했던 것은 바로 자기 자신에 대한 믿음과 자신감이다. 창의성은 바로 여기서 나온다.

틀에 맞추는 교육, 틀을 창조하는 교육

필자의 둘째 아이는 어려서부터 왼손잡이였다. 미국에서 유학하고 있을 때 초등학교에 입학했다. 그곳에서는 글씨를 오른손으로 쓰라는 강요를 하지 않았다. 심지어 왼손잡이 용품만을 전문적으로 취급하는 가게가 따로 있을 정도로 편견이 없었다. 나도 아이를 굳이 오른손 잡이로 만들어야 할 이유가 없다는 생각으로 그냥 내버려두었다. 그런데 아이가 3학년이 되고 한국에 돌아오게 되면서 상황이 바뀌었다. 학교 선생님이 오른손으로 글씨를 써야 한다며 아이를 자꾸만 나무라는 것이었다. 결국 아내가 학교를 찾아가 아이를 그대로 내버려 달라고 부탁한 다음에야 '강요'가 중단되었다.

다시 몇 년이 지나 아이가 초등학교의 마지막 겨울방학을 보낼 때의 일이었다. 아이가 무슨 일인지 며칠 동안 방에 틀어박혀 꼼짝도 하지 않았다. 어쩌다 방문을 열고 들어가 보면 아이는 책상에 붙어 앉아 열심히 무언가를 적고 있었다. 중학교 입학을 앞두고 열심히 공부하는 것으로 생각했는데, 나중에 알고 보니 오른손으로 글씨 쓰는 연습을 하고 있었던 것이었다. 주변에서 아이들이 놀리기도 하고, 또 본인 스스로도 한국에서 왼손잡이로 살아가는 것이 불편하다고 느꼈던 모양이다. 그때를 생각하면 지금도 마음이 아프다. 마음의 상처가 얼마나 깊었으면 방에 틀어박힌 채 오른손으로 교과서를 베껴야만 했을까?

인류학자들에 의하면 10명 중 1명이 왼손잡이로 태어난다고 한다. 왼손잡이는 이렇게 소수이기 때문에 집단에서 늘 배척되어 왔다. 좌뇌와 우뇌의 기능이 다르다는 사실이 알려지면서 왼손잡이에 대한 편견도 조금씩 사라지고는 있다. 요즘에는 군대에서도 왼손잡이용 소총을 보급할 만큼 상황이 좋아졌다고 한다. 하지만 아직까지는 왼손 잡이에 대한 편견이 완전히 사라지지 않은 것이 사실이다.

대부분의 사람들은 자신과 다른 사람을 불편해한다. 피부색과 인종, 언어와 문화적 관습의 차이를 인정하려고 하지 않기 때문이다. 더욱 심각한 문제는 차이를 인정하지 않는 차원을 넘어서 그들을 일정한 규격이나 기준에 억지로 맞추려고 하는 것이다. 이런 사회에서는 왼손잡이가 획일적인 규격과 기준에 맞추어 살아가야 한다. 타고난 것을 억지로 바꾼다는 것은 여간 고통스러운 일이 아니다. 무리한 방법으로 고칠 수는 있겠지만 심리적 스트레스 때문에 역효과가 나타날 수도 있다. 왼손잡이와 오른손잡이는 신체적으로나 정신적으로 전혀 차이가 없다. 그럼에도 소수라는 이유로, 또는 불편하게 느껴진다는 이유로 일정한 틀에 맞출 것을 강요한다면, 이는 어리석은 일이다. 장애인의 경우도 마찬가지이다.

우리 사회는 창의력을 갖춘 인재를 필요로 하고 있다. 경제 성장의 핵심은 창의적인 인재의 육성이다. 창의적인 인재는 획일적인 시스템보다는 개성과 다양성이 존중되는 시스템에서 나올 가능성이 높다. 미래의 경쟁력은 창의적인 인재에 달려 있다. 왼손잡이가 오른손잡이가 되도록 강요하는 사회에서는 창의적 인재가 나오기 어렵다.

〈죽은 시인의 사회〉에 등장하는 대사인 "캡틴, 오 마이 캡틴Captain, oh my captain"과 "카르페 디엠"은 국민적 유행어가 되었다. 심지어 당시 학생들이 쓰는 노트나 편지지 같은 문구류에서 "카르페 디엠"이란 문구를 심심치 않게 볼 수 있었다. 또 당시 우리나라에서 무명에 가까웠던 배우인 로빈 윌리엄스는 이 영화를 계기로 모르는 사람이

어떤 경제가 우리를 행복하게 하는가

없는 스타가 되었다. 이 영화가 상영될 당시 우리 집 아이는 초등학생이었다. 그로부터 23년이 지난 지금 불행하게도 이 영화가 보여 주던 교육의 현실은 크게 달라지지 않았다.

아직도 우리 주변에는 닐 같은 학생, 닐의 아버지 같은 부모, 웰튼 아카데미의 교장 같은 교육자가 수두룩하다. 심지어 성적을 비관한 초등학생이 자살을 하는 끔찍한 일들까지 벌어지고 있다. 물론 키팅 선생 같은 교육자도 점점 늘어나고 있다. 대안학교도 많이 생기고 있고, 지금의 교육 현실이 잘못되었다고 생각하는 부모들도 점차 늘어나고 있다. 우리 주변에 또 다른 '키팅'이 더 많아졌으면 좋겠다. 그리고 영화의 마지막 대목, 학교에서 쫓겨나는 키팅을 보며 당당하게 책상 위로 올라서서 "캡틴, 오 마이 캡틴"을 외치는 토드(에단 호크)와 같은 학생들이 많아졌으면 좋겠다.

오늘날 우리나라의 교육은 돈의 문제도 안고 있지만 교육 내용의 문제도 안고 있다. 미래에는 인간 친화적인 따뜻한 콘텐츠와 디지털 기술을 결합할 수 있는 인재가 진정한 리더가 될 것이다. 그동안 우리 교육은 한쪽에 치우친 감이 없지 않았다. 필요한 기능만을 교육시켜 당장 활용하고자 했던 것이다. 이런 교육만으로는 지식정보화 사회에 적응하기 힘들다. 고도의 전문성에 풍부한 상상력을 더할 수 있는 사람의 활용도가 점점 높아질 것이기 때문이다.

최고의 투자 대상은 '사람'이다. 사람에 투자하려면 옛날처럼 학교 교육만 생각해서는 곤란하다. 제대로 된 인재는 학교에서만 길러지는 것이 아니기 때문이다. 젖먹이의 육아로부터 학교 교육, 사회 진출 후의 직업 교육, 그리고 퇴직에 따른 재교육에 이르기까지 생애 전주기에 걸친 교육 시스템을 고민해야 한다. 또 각각의 교육과 관련하여 국가와 개인이 어떻게 역할을 분담할 것인지에 대한 고민도 함께 이루어져야 한다. '생애 전주기에 걸친 교육 시스템'의 보완·발전은 지속적인 경제 성장의 핵심 키워드이다.

'강남 스타일' = '싸이 스타일' = '글로벌 스타일'

최근 노래 〈강남 스타일〉의 뮤직 비디오가 세계적인 인기를 끌고 있다. 유튜브 조회 수는 4억을 돌파했고, 한국인 최초로 빌보드 차트 2위까지 기록했다. 그 주인공은 바로 싸이Psy라는 가수이다. K팝으로 불리는 한류 음악의 대표 주자로 여겨졌던 원더걸스, 소녀시대, 동방신기도 하지 못했던 일을 뚱뚱한 데다 외모도 출중하지 않은, 이상한(?) 가수가 해낸 것이다.

"누군가가 언젠가 해낼 줄은 알았습니다. 하지만 그게 저일 줄은 정말 몰랐습니다." 시청에서 축하 공연을 벌이면서 싸이가 8만여 관중들에게 던진 말이다. 재미있는 것은 페이스 북의 창립자인 마크 주커버그도 비슷한 말을 했다는 사실이다. 주커버그는 최근 미국의 시사 주간지인 《비즈니스 위크》와의 인터뷰에서 대학 시절에 이미 '전 세계 사람들을 하나로 연결해 줄 소셜 네트워크 서비스가 곧 등장할 것으로 예상했지만 자신의 페이스북이 그 주인공이 되리라고는 생각지 못했다'고 고백했다. 이처럼 혁신은 우리의 상상 너머 저편에 있는 것이 아니라 이미 우리 앞의 현실로 다가와 있다.

'말춤'이라는 독특한 안무와 함께 특유의 개성 넘치는 가사와 리듬으로 일약 세계적인 스타로 발돋움한 싸이의 성공 비결은 무엇일까? 여러 분석이 있지만 핵심은 바로 싸이 자신, 즉 "싸이 스타일"이다. 물론 '유튜브'처럼 동영상을 공유하는 새로운 서비스의 등장도 그 배경의 하나일 것이다. 그 인기의 핵심에는 한국 경제의 양극화를 보여 주는 사회 풍자가 한몫했다고 경제 전문 미디어《블룸버그》는 분석했다.(2012.10.15)

최근 김연아, 박지성처럼 음악, 스포츠 등의 분야에서 세계적인 수준에 오르는 한국인들이 많아지고 있다. 그런데 정규교육 또는 영재교육을 받은 그들과 싸이의 방식은 전혀 다르다. 싸이 돌풍의 근원은 상식의 틀을 깨버린 파격이자 혁신이다. 그렇다면 이른바 '싸이 스타일'이란 과연 무엇일까? 한 단어로 표현한다면 개성 또는 창의력이다.

유복한 사업가의 가정에서 태어난 싸이는 소위 강남 오렌지족 또는 일명 '나이트 죽돌이'로 살다가 미국 보스턴 대학으로 유학을 떠났다. 하지만 부모님 몰래 바로 자퇴를 한 후 좋아하는 음악을 공부하기 위해 미국 버클리 음대에 진학한 반항아이자 말썽꾸러기였다. 2001년에는 국내에서 '완전히 새 됐어'라는 가사의 파격적인 노래 〈새〉와 돌하르방의 포즈를 연상시키는 춤을 통해 엽기 가수로 화려하게 데뷔했

"누군가가 언젠가 해낼 줄은 알았습니다. 하지만 그게 저일 줄은 정말 몰랐습니다."

〈강남 스타일〉 인기 비결의 진짜 핵심은 한국 경제의 양극화를 보여 주는 사회 풍자에 있다.

다. 하지만 이내 대마초와 병역기피 논란을 겪으며 추락을 거듭했다.

한때 방송금지까지 당했지만 자신만의 개성을 앞세워 꾸준히 활동을 해오던 싸이는 데뷔 12년 만에 마침내 〈강남 스타일〉이라는 파격적인 음악과 춤으로 다시 승부수를 던졌다. 본인의 말에 따르면 '초심으로 돌아간' 것이었다. 그동안 K팝은 아시아를 넘어서 유럽과 미국 시장에 진출했지만 상대적으로 고전을 해왔다. 그런 상황에서 싸이의 대성공은 자신만의 개성이야말로 가장 확실한 세계적 경쟁력이라는 사실을 유감없이 보여 주었다. 영어라고는 단 세 단어밖에 없어 알아듣기 어려운 한국어 뮤직 비디오에 전 세계가 열광했다. 싸이만이 보여 줄 수 있는 독특한 재미와 개성에 세계가 매료된 것이다.

이처럼 노래와 안무만으로 한국의 엽기 가수에서 세계적 스타로 발돋움한 싸이의 성공은, 한계에 봉착한 한국의 경제와 교육 시스템에 시사해 주는 바가 무척 크다. 세계 일류의 선진 국가가 되려면 더 이상 틀에 박힌 성장 모델과 입시제도에 매달려서는 안 된다. 한국 경제만의 잠재력과 각 개인의 창의력을 극대화시켜 줄 혁신적인 변화와 개혁이 필요하다.

소위 '싸이 신드롬'에서 한 가지 더 기억할 것이 있다. 싸이 스스로가 밝혔듯이 그 성공의 배경에는 자신의 여러 과오를 용서하면서 다시 사랑해 준 대한민국 국민들이 있었다는 사실이다. 아무리 재능이 뛰어나고 치열하게 노력한다 해도 싸이에게 재기의 기회가 주어지지 않았다면 그는 그저 한때의 엽기 가수로 끝났을지도 모른다. 큰 성공을 이룬 사람들을 보면 그만큼의 시련과 고난을 겪은 경우가 적지 않다. 가장 힘들었던 시기에 용서와 사랑으로 끝까지 믿고 도와준 사람들이 없었다면 그들의 인생은 실패로 끝났을 것이다.

　사람이 모여서 하나의 국가가 된다. 각 개인의 창의력을 제대로 길러준다면 결국 그 나라의 잠재력도 더욱 높아질 것이다. 이렇게 해서 높아진 국가의 잠재력은 다시 개인의 창의력이 더욱 발휘될 수 있도록 보다 나은 환경과 다양한 기회를 만들어 낼 것이다.

　창의력이란 끊임없이 새로운 것을 모색하고 만들어 내는 것이다. 모든 사람이 천재가 될 수는 없다. 이 세상이 지금 곧바로 천국으로 바뀌지도 않을 것이다. 그러나 인간은 스스로의 실수와 경험을 통해 배울 수 있다. 오늘보다 나은 내일을 꿈꿀 수 있는 존재이다. 과거와 현재, 그리고 미래라는 시간의 개념을 이해하고 살아가는 존재는 이 지구상에 인간밖에 없다. 변화를 추구하는 사람과 변화하지 못하는 사람의 차이는 결국 생각의 차이다. 현실에 만족하여 안주하거나 또는 좌절해서 포기한다면 결코 미래는 없다.

　한국의 교육 현실을 자세히 들여다보면 참으로 암담하다. 교육 시설과 같은 하드웨어적인 부분은 상당한 발전을 이루었지만 교육 내용과 같은 소프트웨어적인 부분은 아직도 과거의 주입식에서 크게 벗어나지 못하고 있다. 아직도 누가 더 적게 자고 더 많이 과외를 받는가가 경쟁의 척도가 되고 있으며, 교육 환경은 더 불공평해지고 또 치열해지고 있다. 이런 환경에서 창의력을 기대한다는 것은 연목구어이다. 선진국 교육의 핵심은 '존중'에 있다. 학생들을 하나의 인격체로 존중할 뿐만 아니라, 그들의 작은 생각과 의견도 존중하는 것이다.

　이미 정해진 정답을 모두가 똑같이 암기하는 교육이 아니라, 각자가 모두 다른 정답을 찾아내는 교육이 되어야 한다. 남들과 다르다는 것은 이상하거나 잘못된 일이 아니다. 그것이 오히려 가장 큰 경쟁력이 될 수 있다는 발상의 전환이 필요하다. 이런 근본적 발상의 전환에서부터 교육 개혁은 출발해야 한다.

9

위기의 시대,
어떤 리더십이 필요한가

〈퍼펙트 스톰〉과 국가 리더십

볼프강 피터젠 감독의 〈퍼펙트 스톰The Perfect Storn〉은 2000년에 개봉된, 대표적인 재난영화이다. 당시 최고의 인기를 구가하던 조지 클루니를 비롯해, 마크 왈버그와 다이안 레인, 존 C. 라일리 등 개성 넘치는 연기파 배우들이 출연하여 화제를 모았다. '퍼펙트 스톰'이란 해상에서 발생한 태풍이 주변의 다른 기상 현상들과 만나면서 엄청난 규모의 폭풍으로 발전하는 현상을 일컫는다. 영화는 이렇게 만들어진 거대한 폭풍에 앞에 선 작은 어선 안드레아 게일 호의 선장 빌리(클루니)와 선원들의 사투를 그리고 있다.

이 영화는 세바스티안 융어Sebastian Junger의 논픽션을 바탕으로 제작되었다. 영화의 첫 장면부터 '실화를 바탕으로 만들어진 영화'임을 강조한다. 하지만 상당 부분이 허구적인 스토리에 가까운 것이 사실이다. 물론 안드레아 게일 호의 이야기는 실제로 책 속에 등장하지만 배의 내부에서 일어나는 일들의 대부분은 영화를 위해 드라마화된 이야기들이다. 게일 호 희생자들의 가족들은 죽은 선원들의 이름을 허락 없이 사용했다는 이유로 영화 관계자들을 고소하기도 했다.

이처럼 '퍼펙트 스톰'은 기상 용어이다. 그런데 최근에 이 용어는 경제 관련 소식에 더 많이 등장하고 있다. 2008년에 미국발 금융위기로 시작되어 경제의 여러 가지 위험 요소들이 한꺼번에 충돌하면서 발생한 대경제 위기를 지칭하는 용어로 '퍼펙트 스톰'을 사용하기 시작한 것이다. 그야말로 '퍼펙트'한 용어 선택이 아닐 수 없다.

한국 경제에도 태풍이 몰려오고 있다

뉴욕대학교 경제학과 교수인 누리엘 루비니는 2011년 6월 블룸버그와의 인터뷰, 그리고 2011년 12월 《파이낸셜 타임즈》의 기고문을 통해 '퍼펙트 스톰'이 세계 경제를 위협할 것으로 전망했다. 2012년 6월에는 자신의 홈페이지에 올린 '전지구적 퍼펙트 스톰A Global Perfect Storm'이라는 칼럼을 통해 이미 '퍼펙트 스톰'이 형성되고 있으며, 2013년 즈음엔 거대한 규모의 전 세계적 경제 위기가 도래할 것이라는 불길한 예언을 했다.

루비니 교수의 예언을 빌리지 않더라도 오늘날 세계 경제에는 일찍이 볼 수 없었던, 그것도 역사상 가장 크고 강력한 규모의 어두운 먹구름이 드리워져 있다. 이 먹구름의 규모는 1998년 아시아 외환위기, 2008년 미국발 금융위기를 훨씬 능가한다. 바로 유럽 발 재정위기로, 현재도 계속 분출하고 있는 활화산이다.

우리나라는 어떤 상황인가? 최근 우리 국민들은 저고용, 저소득, 저성장이라는 '3저 수렁'에 빠져 허우적거리고 있다. 앞으로는 나아질 것인가? 단편적으로 볼 때 몇몇 대기업들이 나름대로 실적을 내고 있으므로 괜찮은 것이 아니냐고 할 수도 있다. 조금만 들여다보면 이것이 착시 현상임을 쉽게 알 수 있다.

우선, 급격한 경기침체가 우려된다. 현재 한국의 경제 성장률은 2% 또는 그 이하로 급격히 하락할 가능성이 높다. 잘못 관리하면 단기적으로는 물론 장기적인 경기침체로 들어선다. 경기침체는 서민생활을 어렵게 만들기도 하지만, 국가를 운영하는 측면에서 보면 무엇보다도 세수의 급격한 감소를 초래한다. 이는 약속한 복지 지출을 곤란하게 만든다. 이를 위해 국채를 발행해야 한다. 그러면 국가 재정이 나빠지는 악순환에 갇힐 수밖에 없고, 결국 유럽의 재정위기가 우리에게도 현실로 다가올 것이다.

둘째, 1000조 원이 넘는 가계 부채의 부실 문제가 발목을 잡을 것이다. 이명박 정부 들어 폭발적으로 증가한 가계 부채가 최근의 경기 악화와 맞물려 부실화되고, 상환 불능 상태에 빠지면 금융위기가 올 것이다. 금융기관의 위기만이 문제인 것은 아니다. 내용적으로 보면, '생계형 가계 부채'가 늘어나는 것이 더욱 큰 문제이다. 그야말로 민생이 도탄에 빠진다.

셋째, 부동산의 급격한 침체로 중산·서민층이 붕괴된다. 부동산은 중산·서민층의 자산 가운데 대부분을 차지하고 있다. 부동산의 침체로 중산·서민층의 자산이 급격히 감소되면, 희망 상실, 소비 축소, 은행 대출금 등의 상환 능력 상실, 금융 부실 우려로 이어진다.

넷째, 국가 채무의 급격한 증가는 최후의 방어 수단까지 상실하게 만들 것이다. 이명박 정부는 우리나라의 경제 발전 단계에서 가장 우선순위가 낮은 대규모 토목공사를 추진했다. 이 때문에 국가 부채의 증가는 물론이고, 공기업의 부실화로 인해 '실질적'인 국가 채무가 급격히 증가했다. 1998년 외환위기 때와는 달리 정부 재정이 사회안전망 역할을 하기도 어렵게 되었다.

다섯째, 우리나라만이 가지고 있는 '북한 변수'이다. 북한도 김정은 체제로 전환하고 있으나, 상황에 따라서는 어떤 급변 사태로 발전할지 아무도 모르는 일이다. 북한이 김정은 체제 하에서 개방 등을 통해 안정적인 정착을 하느냐, 아니면 급변할 것이냐의 여부와 그 위험도 향후 5년이 매우 중요하다. 북한에서 급변 사태가 발생하는 경우, 그렇지 않아도 어려운 한국 경제가 어떻게 '통일 비용'을 부담할 것인가? 난제는 한두 가지가 아니다.

우리나라는 5년 단임 대통령제도가 도입된 이래 정권 교체기마다 경제 위기를 맞았다. 노태우 정부의 버블 경제는 김영삼 정부 초기에 경기 침체를 가져왔다. 김영삼 정부의 무리한 경기부양과 환율 정책은 IMF 외환위기를 불러왔다. 김대중 정부에서 일으켰던 IT 거품의 붕괴는 노무현 정부 초기에 카드채 대란를 초래했다. 정권 초기마다 허겁지겁 대응을 하거나 정치적 대응을 해야 했다.

결과적으로 1인당 국민소득 1만 달러 국가에서 2만 달러 국가로 가는 여정도 가장 긴 나라가 되었다. 2만 달러 소득의 국가가 되어도 국민 복지는 가장 열악한 나라 가운데 하나가 되어 버렸다. 우리나라는 OECD 국가 가운데 비정규직 노동자 비중이 가장 많은 나라이다. 그러다 보니 많은 국민들이 성장에 대해서도 부정적 생각을 하게 되었다.

차기 정부가 감당해야 할 '퍼펙트 스톰'

〈퍼펙트 스톰〉을 관람하는 내내 마음이 편치 않았다. 영화의 초반부, 고집 세고 승부욕이 강한 빌리는 경쟁자에 비해 어획량이 적어 상대적으로 적은 수당을 받게 된다. 자존심이 상하자 빌리는 얼마 쉬지도 않고 다시 바다로 나갈 계획을 세운다. 팀원들은 원망하는 가족들을 뒤로 한 채 선장을 따라 바다로 다시 나가지만 결과는 역시 신통치 않다. 그러자 빌리는 험한 날씨 탓에 뱃사람들이 기기를 꺼려 하는 '플레미시 캡Flemish Cap'이란 곳까지 가자고 제안한다. 팀원들이 난색을 표하자 빌리는 "그러고도 너희가 진정한 뱃사람이냐?"며 화를 낸다. 결국 팀원들은 선장을 믿고 그곳으로 따라가 고기를 많이 잡는 데 성공하지만 거대한 폭풍을 만나게 된다.

어떤 이는 폭풍에도 굴하지 않고 팀원들을 독려하면서 자연과 맞서 싸우는 빌리를 보며 인간 정신의 위대함을 느꼈을지도 모른다. 또 폭풍과 사투를 벌이면서 살고자 하는 인간의 의지와 그 과정에서 발휘되는 끈끈한 동료애에 감동을 받았을 수도 있다. 그러나 한 사람의 고

영화 속 선장은 불굴의 의지를 지닌 영웅으로 묘사된다. 그러나 그의 의지를 실현하기 위해 희생된 선원과 그 가족들의 운명은 어떻게 할 것인가? 리더의 잘못된 고집과 무모함은 전체 조직원의 불행을 가져올 수 있다. 그래서 나는 이 영화가 불편했다.

어떤 경제가 우리를 행복하게 하는가

집과 무모함 때문에 돈벌이는커녕 소중한 목숨마저 잃게 되는 결말 앞에서 허탈함마저 들었다. 한마디로 말하면, 리더를 잘못 만난 탓에 사랑하는 부인과 아이들을 둔 채로 목숨을 버려야 하는 어처구니없는 상황에 감동을 느낄 마음의 여유가 없었던 것이다.

그렇다면 우리는 이 '퍼펙트 스톰'을 어떻게 피할 수 있을까? 영화 〈퍼펙트 스톰〉으로부터 한 가지 해법을 유추할 수 있다. 영화 속의 어부들은 리더(선장)를 잘못 만난 탓에 결국 바다에서 목숨을 잃게 된다. 그들이 리더의 문제점을 충분히 인지한 후, 그 리더가 잘못된 선택을 하지 않도록 출항 전부터 설득에 나서거나 대안을 마련했었다면 비극은 막을 수 있었을 것이다. 리더가 설득당하지 않는다면 과감하게 그 리더를 버리고 다른 리더를 선택하는 일도 필요하다. 리더는 막강한 권력을 가지고 있지만 그 권력도 행사할 대상(어부들)이 떠나고 나면 아무 쓸모없는 것이 되기 때문이다.

거대한 먹구름이 우리나라에 몰려오고 있다. 위에서 지적했듯이 우리나라가 안고 있는 위험 요소들이 한꺼번에 몰려 있는 것 자체도 불안한 상황이다. 거기에 유럽발 경제 위기와 여전히 잠재하고 있는 미국발 금융위기로 인해 현재의 경제 상황은 언제든지 '퍼펙트 스톰'으로 발전할 가능성이 있다. '퍼펙트 스톰'의 크기는 1998년 IMF 외환위기, 2008년 미국의 서브프라임 금융위기, 그리고 최근 유럽의 재정 위기를 합친 규모가 될 수도 있다.

2013년에 출범하는 차기 정부가 '퍼펙트 스톰'을 맞이할 가능성이 매우 높다. 역사상 유례가 없는 힘겨운 경제 위기가 현실화될 가능성이 매우 높다. 30년 이상을 국가 경제의 기획과 운용과 종사한 필자의 경험으로 보아도 가능성이 충분하다고 생각된다.

다가오는 거대한 경제 위기, '퍼펙트 스톰'에 대비하기 위해 우리는 무엇을 해야 할까? 2012년 12월 19일, 우리가 어떤 대통령을 뽑으면 이 어려움을 극복할 수 있을까? 자연재해를 피할 수는 없는 법이다. 그렇다면 피해를 최소화시키면서 안전한 곳으로 대피하는 것이 최선이다. 마찬가지이다. 우리가 선출하는 대통령이 모든 문제를 해결해 주지는 못한다. 그러나 대통령을 잘못 뽑으면 피해를 최소화시키기는 커녕 오히려 피해를 확대시킬 가능성이 높다. 결론은 분명하다. 피해를 최소화하면서 미래를 대비할 대통령을 뽑아야 한다.

경제 위기를 해결할 수 있는 리더는 어떤 사람일까? 경제학자나 경제 전문가여야 할까? 그것은 돈을 잘 버는 기업인이나 돈 많은 사람을 대통령으로 뽑으면 국민들도 돈을 잘 벌게 될 것이라는 망상과 동일하다. 새의 눈을 먹으면 눈이 좋아지고, 고양이 관절을 먹으면 관절이 좋아질 것이라는 착각과 마찬가지이다.

필자는 대통령과 가까운 거리에서 가족보다 더 많은 시간을 보내며 국정 운영을 보좌한 경험을 가지고 있다. 또한 경제 관료로서 30년 동안 국가 경제를 '기획'하는 분야에서 일을 했다. 그 과정에서 역대 대통령들의 국정 운영에 대해 직 간접적인 경험을 많이 할 수 있었다. 그 경험을 살려 어떤 사람을 대통령으로 뽑아야 위기에 직면한 우리나라를 그나마 수렁에 빠지지 않도록 할 수 있는지를 이야기하려고 한다. 이는 결국 먼 미래의 우리 후손들을 위하는 길이기도 하다.

"사람은 자신이 하는 '말'대로 살지 않는다"

가장 확실한 방법이 있다. 그 사람이 지금껏 살아온 길을 살펴보는 것이다. 이를 통해 그 사람이 대통령이 되면 어떤 행동과 결정을 할 것인지를 예측할 수 있다. 우리 주변에서 보면 50~60대 사람들은 자신이 살아오는 과정에서 쌓아 온 습관과 행동을 쉽게 바꾸지 않는다. 필자도 그렇고 주변의 친구들도 마찬가지이다. 배우자나 친구들이 충고를 해도 듣지 않는다.

듣는 것처럼 보일 수도 있다. 그러나 사실은 듣는 척하는 것일 뿐이다. 변하지 않는다. 평범한 사람들도 이러한데, 대통령이 된 사람이라면 어떨까? 한번 상상해 보자. 어떤 면에서 보면 인생에서 가장 성공한 사람이다. 자신이 바로 성공 모델이다. 자기 방식으로 살아와서 최고의 자리에 오른 사람이다. 평범한 사람도 좀처럼 안 바꾸려 하는데, 대통령이 된 사람이 이제까지 가져온 삶의 방식을 새삼스럽게 바꾸려고 할까?

이명박 대통령이 실패한 원인을 차분하게 생각해 보자. 여러 가지 이유를 들 수 있겠지만, 한마디로 요약하자면 그렇게 살아왔기 때문이다. 김영삼, 김대중 대통령의 공과功過도 같은 맥락으로 파악하면 매우 단순해진다. 전두환, 노태우 대통령도 마찬가지다.

필자는 청와대 정책실장으로 일하던 시절 노무현 대통령과 많은 대화를 나누었다. 때로는 바뀌었으면 하는 대통령의 언행에 대해 이야기할 기회도 있었다. 노무현 대통령은 흡수력이 뛰어난 사람이었다. 참모의 의견을 무척 존중했다. 그런 그조차도 필자에게 "내가 살아온 길이 그런데, 어떻게 바꿉니까?"라고 말하곤 했다. 그 말을 들으면서 참모로서 대응할 말이 달리 없었다. 노무현 대통령은 워낙 솔직하고 소탈했기 때문에 참모에게 이렇게라도 말하는 편이었다. 다른 대통령들은 이런 말, 또는 변명조차도 참모에게 좀처럼 하지 않는 편이다.

승려이자 대학 교수로서 가장 영향력 있는 트위터리안으로 손꼽히는 혜민 스님이 쓴 책《멈추면, 비로소 보이는 것들》에 다음과 같은 글이 있다.

"그 정치인이 앞으로 어떤 정치를 할 것인가는 그 사람이 하는 좋은 말보다는, 그 사람이 현재 소유하고 있는 것들과 그 사람이 지금껏 어떻게 살아왔는가를 자세히 들여다보면 더 정확하게 드러납니다. 사람은 자신이 하는 '말'대로 살지 않습니다. 그동안 살아온 방식대로 살지요."

말하자면 대통령도 그동안 살아온 방식대로 사물에 대해 판단을 한다는 뜻이다. 대통령의 판단은 왜 중요한 것일까? 최종 판단이기 때문이다. 경제정책에 대한 결정도 대통령의 판단이 최종이다. 다가올 경제 위기, 즉 '퍼펙트 스톰'과 최종적으로 맞서야 하는 사람도 바로 대통령이다.

경제 상황과 관련한 설명이나 주장 가운데에는 진실처럼 보이지만 진실이 아닌 경우가 적지 않다. 사실이라고 생각되지만, 사실이 아닌 경우가 많다. 대통령이 쉽게 혼동할 수 있다. 대통령은 그동안 살아온 자신의 방식대로 판단한다. 그래서 우리는 잘 살펴보아야 한다. 정의와 약자의 편에서 살아온 사람인지, 원칙과 소신을 지키면서 살아온 사람인지, 민주화의 역사에 기여하면서 살아온 사람인지, 스스로를 희생하면서 살아온 사람인지 살펴보아야 한다.

　모두가 서민을 위한 대통령이 되겠다고 한다. 대통령은 서민 생활을 말이나 머리가 아닌, 가슴으로 이해하는 사람이어야 한다. 진정성이 있어야 한다는 뜻이다. 사회 현상을 보는 시각이 정확해야 한다. 역사인식도 객관적이어야 한다. 그래야 신뢰할 수 있다. 말로는 속일 수 있어도 지나온 길은 속일 수 없다.

단순·일원화시켜야 할 경제정책 조정 기능

　우리나라 대통령의 권한은 범위가 매우 넓고 강력하다. 그런데 아이러니하게도 대통령의 국가정책 '조정 기능'은 미약하다. 대통령의 권한이 행사되는 범위가 너무 넓어 보살펴야 할 일이 지나치게 많다 보니 대통령을 보좌하기 위해 많은 기능들이 분산되어 있다. 집행 성격의 기능은 분산이 될수록 좋다. 민원인(국민)의 입장에서 보면 더욱 그렇다. 그러나 조정 기능이 분산되어 있는 것은 좋지 않다. 조정을

기상용어였던 '퍼펙트 스톰'이라는 단어는 이제 경제용어가 되었다. 지금 우리나라의 상황은 저고용, 저소득, 저성장이라는 '3저 수렁'에 빠진 데다 급격한 경기침체가 예상되는 상황에 놓여 있다. 이런 상황에서 우리에겐 어떤 리더십이 필요할까?

받아야 할 입장에서는 사공이 여러 명 있는 배에 올라타 있는 것이나 마찬가지이다. 누구의 말을 들어야 할까?

현재의 정부 조직 가운데 경제 문제와 관련한 조정 기능을 담당하는 곳으로는 청와대, 총리실, 감사원, 기획재정부 등이 있다. 정책 입안자는 한 명인데 간섭하는 사람은 여러 명인 것이다. 이것은 물론 국회를 제외한 행정부 내부의 조정 기능만 나열한 것이다. 무대에 선 배우의 입장에서 감독이 여러 명이면 누구 말을 들어야 할까? 이는 결과적으로 대통령의 조정 기능 약화라는 결과로 나타난다.

중소기업과 관련한 업무를 예로 들어 보자. 중소기업청에서 하나의 정책을 입안하면 주무 부처인 지식경제부(구 산업자원부)를 일단 설득하여 동의를 얻어야 한다. 그다음은 예산, 인력 등과 관련하여 기획재정부 및 행정안전부의 조정을 받는다. 또 당연히 청와대와 감사원의 조정·지시를 받아야 한다. 이 과정에서 일어나는 부처 이기주의는 도를 넘는 경우가 허다하다. 서로에 대한 간섭과 분열만 있을 뿐이다. 담당 공무원은 이 과정에서 포기하게 된다. 그렇지 않아도 '복지부동'하기 쉬운 공무원의 근무 환경을 생각하면, 중소기업 관련 정책이 발전한다는 것은 요원한 일이 아닐 수 없다.

다른 분야도 마찬가지이지만 경제 관련 정책은 특히 여러 가지 문제가 얽히고설켜 있다. 재벌개혁 이슈만 하더라도 국제 경쟁력, 노동개혁, 시민사회 참여 문제와 직결된다. 또 '신뢰와 규칙'이 작동하는 사회적 자본이 충족되어야 해결되는 문제이다. '경제'는 단순한 성장의 문제가 아니라, 복지의 문제이다. 복지는 국민 생활의 문제이다. 종합적이고도 체계적인 대응만이 성공할 수 있다. 지금처럼 1개 부처가 입안한 후 조정을 받기 위해 여기저기 돌아다니는 방식으로는 '퍼펙트 스톰'을 극복하기는커녕 재벌개혁 문제를 한 발자국 전진시키기도 어려울 것이다.

국가 정책의 조정 기능, 특히 경제정책의 조정 기능은 단순·일원화해야 한다. 현재의 제도는 제왕적 대통령을 염두에 두고 만들어진 틀이다. 분산하면 안 되는 것을 분산시킨 것이다. 대통령제의 대표 국가인 미국의 경제정책 조정기구를 벤치마킹하는 것도 좋은 방법이다. 미국은 백악관 내에 대통령 직속기구로 국가경제위원회National Economic Council (NEC)와 관리예산처Office of Management & Budget(OMB)를 설치하여 강력한 경제 타워를 운영하고 있다.

NEC는 1993년에 빌 클린턴 대통령이 모든 정책의 결정에 '경제안보'를 강조하기 위해 설치했다. 물론 1960년대부터 백악관 내에 경제정책과 관련한 조직이 존재했지만, 보다 강력한 경제정책의 조정을 위하여 민주당 정부 시대에 설립된 것이다. 대통령이 위원회의 의장이 되어 국내외 경제 이슈에 관한 정책을 조정하고 정책의 실행 여부 등을 모니터링한다. OMB는 정부의 예산, 관리, 규제, 법규 등 광범위한 업무를 담당하고 있다. 경제정책 조정을 강력히 뒷받침한다.

강력한 경제 콘트롤 타워의 필요성은 재벌개혁 업무 하나만 보아도 그렇다. 단순히 공정거래위원장 한 사람을 적합한 인물로 임명한다고 해결될 문제가 아니다. 이미 왕국을 건설한 재벌의 문제는 노동, 산업, 금융, 정보·통신 정책과 치안, 식품, 보건, 위생, 지방행정 등 관련되지 않는 분야가 없다. 향후 우리나라의 핵심 과제는 좋은 일자리 창출이다. 이는 새로운 성장 동력을 통하여 가능한 것이다. 1차적인 과제가 지식기반 서비스 산업의 육성이다. 지식기반 서비스 산업은 보건·의료, 소프트웨어, 물류, 광고, 법률·회계, 관광, 영화·방송·게임, 콘텐츠 등 정부의 전 부처가 관련된다고 해도 과언이 아니다. 나아가 OECD 최고 수준의 파괴적 경쟁을 벌리고 있는 자영업자들의 전직을 위해서는 사회적 서비스 일자리가 마련되어야 하는데, 이 또한 정부 대부분의 부처와 관련이 되어 있다. 미국에서도 경제정책 조정을 백악관이 직접 지휘하고 있는 이유이다.

경제정책의 집행 기구도 신속히 대응할 수 있는 체제로 바꾸어야 한다. 우리나라와 유사하게 대통령제와 내각제가 혼합된 정부 형태를 취하고 있는 프랑스에서는 정부 조직 개편을 행정부의 단독 권한으로 규정하고 있다. 우리나라의 경우는 정부 조직의 개편이 국회에서 만드는 법률(정부조직법)에 의해 이루어진다. 행정부가 일하는 방식을 국회에서 정해주는 것이다.

행정부가 일하는 방식이나 조직을 개편해 보려고 해도, 여야의 정치적 대립 또는 정치적 이해관계 때문에 능률적이면서도 합리적인 개편이 어려운 경우가 실제로 많다. 국회가 행정부를 견제하기 어려웠던 권위주의 시대의 잔재이다. 이제는 행정부가 자체적으로 신속하고도 합리적인 개편을 할 수 있도록 하는 방안도 검토해 볼 필요가 있다. 일하는 방식을 스스로 정할 수 있도록 해주어야 한다.

10

옥수숫대에는
옥수수가
몇 개나 달려 있을까?

〈모던 타임즈〉와 노동생산성

아침 출근길, 지하철 출구에서 쏟아져 나오는 사람들의 표정을 보면 여러 가지 생각이 든다. 생김새만 다를 뿐 모두들 아무런 표정이 없는 얼굴로 출근을 한다. 찰리 채플린의 영화 〈모던 타임즈〉의 첫 대목은 염소 떼가 몰려나오는 장면과, 사람들이 지하철 입구에서 떼 지어 나오는 장면을 교차 편집으로 보여 준다. 목동이 몰고 다니는 염소 떼와, 먹고 살기 위해 일터로 몰려가는 사람들의 처지가 다를 바 없음을 은유한 장면이다.

〈모던 타임즈Modern Times〉는 지금으로부터 76년 전, 대공황 시기인 1936년에 만들어진 무성영화이다. 그런 만큼 오늘날의 현실과 비교하는 것은 무리이다. 그러나 찰리 채플린이 감독과 주연을 맡은 이 영화는 '모던 타임즈Modern Times'라는 제목과 같이 '현 시대'에도 여전히 유효한 메시지를 전달해 주고 있다. 영화에서 묘사되고 있는 공장의 풍경은 오늘의 현실에서도 그 예를 찾아볼 수 있다. 위에서 말한 출근 풍경도 그렇다. 또 집무실에서 한가롭게 직소퍼즐을 하면서 모니터를 통해 직원들을 감시하는 사장의 모습도 마찬가지다.

영화 속에서 찰리 채플린은 조립라인에서 너트를 조이는 노동자이다. 그런데 몸이 간지러워도 제대로 긁을 수조차 없는 라인에서 일을 하다 보니 잠깐의 쉬는 시간에도 너트를 돌리는 손동작을 습관적으로 반복한다. 담배 한 대를 피우며 쉬는 시간조차 사장의 감시망에 걸려 제대로 활용하지 못하다가 결국은 정신착란 증세를 보이게 된다. 너트 모양 물건이 눈에 보이기만 하면 닥치는 대로 돌려 대더니, 마침내 공장의 거대한 기계 속으로 빨려 들어가 버린다. 기계와 인간이 한 몸이 되어 버리는 장면으로 영화사상 불멸의 명장면이기도 하다. 이 쓸쓸한 상황이 명장면이 된 것은 인간을 기계의 부속품 정도로만 취급하는 현대 산업사회의 어두운 단면을 제대로 풍자하고 있기 때문이다.

찰리 채플린은 '매카시즘'의 희생양이 되어 조국으로부터 추방된다. 미국 역사에 관심이 있는 사람이라면, 미국이 외부로 표방하는 '자유의 나라'라는 구호에 걸맞지 않게 수치스러운 역사가 많음을 잘 알 것이다. '매카시즘'은 그 대표적 사례 가운데 하나이다. '매카시즘'은 1950년대에 모든 미국인들을 불안과 공포로 몰아넣었고, 수많은 유명인들의 삶을 파괴시켰다.

매카시즘은 미국의 상원의원이었던 '조지프 매카시Joseph McCarthy'가 미국 내에서 공산주의자들이 암약한다는 거짓 선동을 함으로써 시작된 마녀사냥을 일컫는 말이다. 매카시의 주도로 조직된 '반미활동조사위원회House Un-Ameriacn Activities Committee'가 그 마녀사냥에 앞장선 단체였다. 이 단체에 직·간접적으로 협력한 사람들

중에는 월트 디즈니나 엘리아 카잔처럼 유명 예술인들도 있었다.

찰리 채플린은 자신의 영화 속 캐릭터를 '방랑자the Tramp'라고 규정했다. 이 캐릭터는 무능력하지만 순수하면서도 정의로운 하층민을 상징했다. 그는 사회에서 소외된 계층에 대해 언제나 따뜻한 시선을 유지했다. 반면에 공권력이나 자본가에 대해서는 반감과 비판의 시선을 거두지 않았다. 그래서 그는 누구보다도 먼저 에드거 후버가 이끄는 FBI의 블랙리스트에 이름을 올리게 된 것이다.

〈모던 타임즈〉는 현대 사회의 노동 상황에 대해 많은 것을 생각하게 한다. 또 다른 명장면도 그런 계기가 되고 있다. 어떤 세일즈맨이 커다란 기계를 들고 공장을 방문한다. 노동자들의 생산성을 극대화시키기 위해 발명된 기계라고 선전한다. 노동자들이 점심을 먹으면서 작업을 할 수 있도록 자동으로 음식을 먹여 주는 기계인 것이다.

말이 되지 않는 기계임이 분명하다. 그래도 사장은 '점심시간을 따로 주지 않아도 되므로 생산 증대를 기대할 수 있다'는 말에 넘어간다. 사장은 찰리를 불러 기계를 테스트해 보기로 한다. 이 대목에서

"모던 타임즈. 이것은 산업화되어 가는 각박한 사회 속에서 행복을 찾으려 노력하는 사람들의 이야기이다."

영화 속에서 노동력은 시간과 정비례한다. 잠시의 쉴 틈, 식사 시간마저도 줄이려는 모습은 인간을 기계로 대하는 자본의 모습을 보여 준다. 생산성은 노동량과 노동 시간에 정비례하지 않는다.

우리는 '생산성'이라는 개념을 다시 생각해 보게 된다.

북한 원산의 옥수수와 청계산 입구의 옥수수

우리나라 노동자의 생산성 수준은 유럽 선진국보다 낮다. 그런데 임금 수준이 상대적으로 높은 현상에 대해 말들이 많다. 사용자 단체 등에서는 이런 말도 한다. "이제 우리는 자신이 받고 있는 급여에 대해 냉정하게 생각해 볼 때가 되었다. 급여는 노동의 대가다. 따라서 과연 자신이 제공한 노동의 강도만큼 대가를 받고 있는지 짚어 보아야 한다. 일한 만큼 대가를 받는가라고 묻기 전에, 받는 만큼 일하고 있는가를 스스로에게 질문해 보아야 한다." 틀린 말은 아니다. 통계를 보면 분명히 우리나라 노동자의 노동생산성은 낮은 반면 상대적 임금 수준은 높은 편이다. 한국개발연구원이 발표한 〈국가경쟁력 보고서 2011〉를 보면, 노동생산성은 34개국 중 27위로서, 돈으로 환산할 경우 OECD 평균이 $42.7인데, 우리나라는 $27.1에 불과하다.

이 대목에서 우리는 이론의 상호 충돌을 접하게 된다. '받는 만큼 일을 하느냐?'는 질문을 하려면 '효율임금이론'에 입각해야 한다. 노동자의 생산성이 높고 낮음에 따라 임금이 결정되는 것이 아니라, 임금의 높고 낮음이 노동자의 생산성을 결정한다는 것이 '효율임금이론'이다. 이 이론에 의하면 생산성의 향상을 위해서는 어느 정도의 높은 임금이 유지되어야 한다. 우리나라 대기업의 임금 체계는 의도하든 의도하지 않든, 어느 정도 '효율임금이론'을 따르고 있다고 보아야 한다.

또 우리나라의 경제적 수준에서 보자면 노동생산성 향상의 책임은 노동자에게 있다기보다 오히려 고용주 또는 사회적 시스템에 있다는 사실을 인식해야 한다.

필자는 1997년도에 국제기구(KEDO)의 일원으로 북한의 원산 근처에 있는 농촌 지역을 방문했었다. 그곳에서 옥수수 밭을 볼 수 있었는데, 한 그루마다 열매가 하나씩 열려 있었다. 옥수수 밭을 본 적이 오래되었던 탓에 원래 그렇게 하나씩만 열리는 것으로 순간적으로 착각을 했다. 밭을 보니 검은 흙 대신 모래처럼 하얀 자갈흙이었다.

그로부터 얼마 후 친구들과 함께 청계산 등산을 했다. 옛골을 통해 올라가는데 산 초입을 지나면서 길 아래를 보니 옥수수 밭이 있었다. 줄기마다 큼지막한 옥수수 열매가 풍성하게 여러 개 달려 있었다. 줄기의 굵기도 북한에서 보던 것과는 비교가 되지 않았다. 색깔도 훨씬 좋았다.

두 옥수수 밭의 생산성 차이는 어느 정도였을까? 노동생산성은 산출량을 노동의 투입량으로 나눈 것이다.* 복잡한 계산은 접어두고서라도, 상식적으로 남한의 농부가 10배는 더 높지 않았을까? 그렇다면 북한 농부의 낮은 생산성은 전적으로, 능률적으로 일하지 않는 북한 농부의 책임일까? 산림의 황폐화로 토사가 흘러내려 옥수수 밭은 모래밭으로 변해 버렸고, 관개 시설이 부족해 물도 제때 줄 수 없는 상황이었다. 비료 부족으로 시비도 할 수 없었고 질이 좋은 종자도 구할

---

* 여기서 산출량은 '산업생산지수 또는 실질부가가치'를 의미하며, 노동투입량은 '노동투입인원 x 노동시간' 이다.

수가 없었다. 더욱이 열심히 일할 동기가 사라진 사회적 시스템 속에서 그것을 어떻게 농부만의 책임이라고 할 수 있을까?

미국이나 유럽의 선진국들을 여행할 때 그 나라들의 일반적인 노동자들을 접해 볼 기회가 있다. 그들은 분명히 한국의 노동자들에 비해 부지런하다는 느낌을 주지 않는다. 경우에 따라서는 '부지런하다'는 표현을 사용하기 민망할 정도로 느리다는 느낌마저 받는다. 그런데 주변을 조금만 더 유심히 관찰하면 그 이유를 알 수 있다. 노동자들이 능률적으로 일할 수 있도록 곳곳에 장치가 되어 있는 것이다. 산출량에 비해 노동 투입량이 적게 소요되도록 장비와 시스템이 갖추어져 있는 것이다.

늦가을에 길거리의 낙엽을 차량으로 치우는 일은 노동자가 운전만 하고 다니면 된다. 빵집에 밀가루를 배달하는 차는 주유소에 기름을 공급하는 것과 유사한 장치를 달고 있다. 밀가루 포대를 운반하는 인부가 없다. 최근 인천공항 같은 곳에서도 볼 수 있는데, 건물의 바닥은 조그마한 전동차를 몰고 다니면서 청소한다.

미국에서 아울렛 같은 큰 건물에 가보면, 경비원이 걸어서 다니지 않고 공상과학 영화에서처럼 세그웨이segway라는 두 발 달린 기구를 타고 다닌다. 2009년에 미국에 갔을 당시 워싱턴 남쪽에 위치한 유명 아울렛에 들른 적이 있었다. 그때 순찰하는 사람이 건물 내에서 그 기구를 타고 다니는 것을 보았는데 신기하기도 하고 부럽기도 해서 한참 동안 넋을 놓고 바라보기도 했다.

주방 기구를 파는 상점에 가보니 일손을 돕기 위해 세밀한 부분까지도 장비가 기계화되어 있었다. 부엌일을 별로 해보지 않아 정확히는 알 수 없었지만, 문외한의 눈으로 보아도 주방에서 일하는 사람들의 생산성을 높여 줄 것만큼은 분명해 보였다. 지하실을 만들기 위해 땅을 파는 경우 100명의 노동자가 삽과 곡괭이를 들고 해야 할 일을 한두 명의 노동자가 포클레인을 동원하여 해결하는 것과 마찬가지이다.

그런데 선진국 노동자의 노동생산성이 높은 이유를 세밀한 기계화에서만 찾는 것은 노동생산성 문제를 지나치게 간단하게 생각하는 것이다. 더 중요한 이유기 있다. 선진 사회를 움직이는 시스템이다. 이 문제로 들어가면 사안이 복잡해진다. 매뉴얼만 해도 그렇다. 선진국의 사무 행정은 매뉴얼 행정이라고 해도 과언이 아니다. 세밀하고 효율적인 매뉴얼이 있기 때문에 담당자가 수시로 휴가를 갈 수 있고, 고용주와 피고용자 모두가 만족할 수 있는 파트타임 근무도 가능하다. 또 애매한 규정에서 비롯되는 '갑'과 '을' 간의 부정부패도 줄어들 수 있다.

자랑스러운 우수 지표(?), 연평균 노동 시간

노동생산성은 차치하고 최근 일터로 향하는 사람들의 얼굴에서도 미소를 찾아보기 힘들다. 무엇을 해도 나아지지 않는 생활 형편이 의욕을 꺾고 있기 때문이다. 이런 상황에서는 시스템을 개선한다 해도 노동자들이 삶의 여유를 찾을 수 있을지 불투명하다. 현 정부 들어서 사회 양극화 현상은 더욱 심화되고 있다. 말로는 국민을 위한 경제정책을 펼친다면서 재벌과 부자들만을 위한 정책을 내놓고 있어 국민들의 상대적 박탈감이 심화되고 있다. 지방정부의 재원으로 사용되던 종부세를 유명무실화시킨 탓에 보육비를 지원할 재원이 고갈되어 야단법석을 떠는 현상을 보면 어처구니가 없다.

무엇보다 현 정부의 문제점은 국민을 무시하는 국정 운영 기조를 유지하고 있다는 데 있다. 시민단체가 경제 운용 주체에서 배제되어 버린 것이 가장 큰 문제이다. 현대 자본주의 사회는 정부, 시장과 함께 시민사회로 이루어지는 3자의 균형 속에서 운영되는 체제이다. 이명박 정부는 '작은 정부, 큰 시장'(대기업, 재벌, 독과점 사업자)을 주창하면서 경제를 이끌어가는 주체에서 시민사회를 배제시킨 것이다.

국가 정책은 특별한 전문가 집단이 다루는 것으로 생각하기 쉽다. 특히 우리나라에서는 경제 전문가만이 경제정책을 다루는 것이라는 선입견이 있다. 그러나 복잡하게 얽혀 있는 현대 국가의 경제 이슈는 오히려 시민이 참여해야 해결될 수 있다. 단순히 이자율을 조정하고, 통화량을 조절하고, 환율을 관리하는 것으로 해결되는 일이 아니다. 우리 경제의 문제점을 근본적으로 치유하기 위해서는 경제 구조를 바꾸어야 한다. 경제 구조를 바꾸려면 시민의 참여가 필요하다. 특히

OECD 24개 나라 중 우리나라가 1위를 차지한 것은 연평균 노동 시간이다. 밥 먹는 시간, 잠자는 시간까지도 노동에 쏟아붓는 것이 과연 자랑스러운 일일까? 생애 노동 시간은 짧은데도 연평균 노동 시간은 가장 긴 현실에서 국민들은 희망을 갖기도, 미래를 준비하기도 어렵다.

시민사회는 정부와 시장을 상대로 '게임의 룰'을 감시해야 하는 중요한 기능을 한다. 국가의 경제정책이 수립되고 집행되는 데에 반드시 시민이 참여하도록 해야 한다.

현 정부의 잘못은 시민사회를 배제하는 차원을 넘어서고 있다. 국민들을 대하는 시각에도 큰 문제가 있다. 지금까지 이야기해왔던 국민 노동력에 대한 현 정부의 생각을 보자. 올해 초 정부는 OECD 34개국과 비교한 분야별 경쟁력 순위를 발표했다. 그런데 우수 지표와 취약 지표의 구체적 내용을 보고 놀랄 수밖에 없었다. 33개국 가운데 1위라고 자랑스럽게 발표한 우수 지표가 '연평균 노동 시간'이었다. '연평균 노동 시간 1위'가 어떻게 우수 지표가 될까? 취약 지표도 그런 취약 지표가 없을 판이다.

국민을 대하는 정부의 인식을 단적으로 보여 주는 대목이다. 한창 때 반짝 활용하는 프로 운동선수 정도로 생각하는 것이다. 운동선수들은 한창 때면 제대로 된 대우라도 받는다. 우리 국민들은 선진국에 비해 생애 노동 기간이 무려 10년이나 짧다. 이런 상황에서는 국민들이 희망을 갖는 것조차 사치일 수밖에 없다.

현재 우리 국민들은 '절망의 시대'에 살고 있다. 우리나라의 빈곤층은 무려 750만 명이나 된다. 이 중에서 150만 명 정도가 정부의 보조를 받는다. 600만 명 이상의 빈곤층이 방치되어 있는 셈이다. 〈모던 타임즈〉에서 찰리 채플린과 그의 동반자는 끊임없이 일자리를 구하며 삶을 개선해 보려 하지만 번번이 실패한다. 그럼에도 불구하고 그들은 희망의 끈을 놓지 않는다. 영화의 마지막 장면, 그들은 다시 일어서 보자고 다짐하면서 동이 트는 희망의 언덕을 향해 걸어간다.

그러나 우리 국민들에게는 그런 희망마저도 사라지고 있다. 무려 76년 전, 그것도 대공황 시기에 만들어진 영화 속 상황과 그다지 차이가 없는 삶을 살고 있는 것이다. 2012년 상반기에 큰 히트를 친 영화 〈어벤저스Avengers〉 후반부를 보면, 닥터 배너가 헐크로 변하기 전에 "내 비밀은 난 항상 화가 나 있어"라는 말을 던지는 장면이 나온다. 이 대사가 재미있는 것은 닥터 배너가 순간적인 화를 참지 못해 헐크로 변하는 것이 아니라, 항상 화가 나 있는 헐크를 자신 안에 감추고 있다는 것이다. 지금 우리도 모두가 이렇게 화가 난 헐크를 숨기고 살아가고 있는 것은 아닐까?

노동자는 소모품이 아니다. 국민은 소모품이 아니다. 더 늦기 전에 열심히 일하는 사람들이 희망을 가질 수 있는 시스템을 만들어야 한다. 진정한 노동생산성의 극대화는 노동의 주체인 사람을 돌보는 것에서부터 시작되어야 한다.

11

생애 노동 기간을
연장하라!

〈에린 브로코비치〉와 직장인들의 생활

지속적인 경제 성장의 전제조건은 성장 잠재력의 확충이다. 성장 잠재력의 구성 요소에서 중요한 것이 노동생산성이다. 앞에서 이야기했듯이 개개인의 노동생산성은 중요하다. 그러나 국가 전체의 입장에서는 노동력의 총합계도 중요하다. 국민 개개인이 평생에 걸쳐 노동하는 기간도 중요한 것이다. 우리나라의 경우 여성의 노동력, 노동 인구, 그리고 노동 기간이 중요한 이유도 그것 때문이다.

줄리아 로버츠가 주연한 〈에린 브로코비치Erin Brockovich〉는 중금속 물질을 배출하는 대기업과 마을 주민과의 싸움을 다룬 이야기이다. 하지만 기본적으로는 세 아이를 둔 이혼녀인 직장 여성의 육아와 일에 관한 문제를 다룬 영화이다. 주인공인 에린 브로코비치는 싱글맘이다. 두 차례 이혼을 하는 동안 아이는 셋이 되었다. 그뿐만이 아니다. 1만 7000달러의 빚이 있지만 통장 잔고는 고작 74달러이며 게다가 직업까지 없다. 옷차림과 말투도 천박해서 사람들로부터 곱지 않은 시선을 받고 있다.

어떤 경제가 우리를 행복하게 하는가

한마디로 취직하기에 부적합한 조건을 모두 갖춘 여성이다. 우여곡절 끝에 그녀의 교통사고 건을 변호해 준 변호사의 사무실에 취직하지만, 돈이 넉넉하지 못해 이웃에 아이를 맡기면서 어렵게 직장생활을 이어간다. 제대로 된 보모를 두려면 더 열심히 일을 해야 한다. 그러다 보니 아이들 교육에는 점점 더 소홀해질 수밖에 없다. 결코 과장된 현실이 아니다. 우리나라에서도 흔하게 접할 수 있는 상황이다.

그런데 그 여성이 큰일을 해낸다. 그녀는 캘리포니아 북부에 가스와 전기를 공급하는 거대 기업 PG&E가 몰래 방출한 유독물질 중크로뮴hexavalent chromium에 중독된 힝클리 마을 주민들의 소송을 주도하여 중재 판결을 이끌어낸다. 무려 3억 3300만 달러라는 어마어마한 배상금을 받아낸 것이다. 이 금액은 미국 중재 판결 역사상 최고액이기도 하다. 사실 PG&E 정도의 대기업들은 늘 크고 작은 소송에 시달린다. 그중에는 무분별한 것도 있지만, 근거가 상당히 타당한 것들도 많다. 공통점은 그들을 상대로 하는 소송에서 이긴다는 것이 결코 쉽지 않다는 사실이다. 특히 개인이 이런 대기업을 상대한다는 것은 '계란으로 바위 치기'보다 더 무모한 일일 수도 있다. 그 기업의 범죄 행위가 명백하다 해도 마찬가지이다.

그러나 그녀는 억울하게 고통 받고 있는 마을 주민들을 대신하여 열심히 뛰어다니고 자료를 모은 끝에 결국 거대한 승리를 이끌어낸다. 교통사고 때문에 법원에 가본 일 이외에는 법과 거리가 먼 여성이었다. 여기까지가 영화 〈에린 브로코비치〉의 내용이다. 물론 현실에서도 이와 비슷한 상황으로 일이 진행되었다. 그러나 현실의 경우는 영화처럼 '정의의 승리'만은 아니었다.

맬서스의 《인구론》, 그 200년 후의 저출산

저출산은 우리나라에서 가장 먼저 해결해야 할 문제 가운데 하나이다. 성장 잠재력의 핵심이기도 한 이 문제는 여러 가지가 복합적으로 연결되어 있다. 우선 여성들의 사회 진출 확대와 인식의 변화를 들 수 있다. 전통적인 대가족 제도에서 벗어나 핵가족화되면서 여성의 가사 노동 부담이 줄어드는 한편, 교육 기회가 확대되면서 직업을 갖는 여성들도 늘어났다. 또 민주화 과정을 거치는 동안 여성들이 사회적 편견과 싸워 가며 스스로의 권리에 눈뜨기 시작했다.

여성의 경제 활동이 확대되면서 결혼을 늦게 하거나 독신을 선택하는 여성도 점차 증가하고 있다. 직장 여성들은 사회 참여와 자기 계발을 위해 출산을 기피하고 있다. 경제 활동에 참여하지 않는 여성들은 혼인 및 출산에 소요되는 경제적 비용 때문에 출산을 미루고 있다. 부모 세대의 경험 또한 가임기 여성들의 인식 변화에 영향을 미쳤을 것으로 보인다. 가부장 사회에 회의를 느낀 어머니들이 자신의 딸만큼은 가사와 육아로부터 벗어나 보다 나은 삶을 누리도록 강조했기 때문이다.

이러한 인식의 변화는 현실에 곧바로 반영되었다. 직장 여성에게는 육아 문제가 견고한 족쇄로 받아들여졌고, 보육비와 교육비 부담은 출산을 기피하는 결정적 요인이 되었다. 이러한 현실적 제약들 때문에 결혼해서 자녀를 낳아야 한다는 가치보다는 개인주의와 자유주의가 중요시되는 풍조가 확산되고 있다. 결혼과 출산이 필수가 아닌 선택의 대상이 되어 버린 것이다. 이는 우리나라뿐 아니라 세계적으로도 되돌아가기 어려운 흐름이 되고 있다.

어떤 경제가 우리를 행복하게 하는가

사실 오늘날과 같은 저출산 문제가 대두될 것으로 예측한 사람은 아무도 없었다. 아니 정확하게 그 반대의 예언은 있었다. 18세기 말 영국의 경제학자 맬서스가 《인구론An Essay on the Priciple of Population》에서 이야기한 주장을 살펴보자. 식량은 산술급수적으로 늘어나는 데 비해 인구는 기하급수적으로 늘어나기 때문에 인류는 필연적으로 굶주림과 가난, 죄악에 시달리게 될 것이라는 주장이었다. 맬서스주의는 세계 각국에서 인위적인 산아 제한을 추진하는 근거가 되었다. 그러나 그의 이론은 200여 년이 지난 지금 오류였음이 증명되고 있다. 그는 산업혁명 이후에 이루어진, 생산성의 비약적인 향상을 예측하지 못했던 것이다. 인류는 생산성의 향상을 통해 증가하는 인구를 먹여 살릴 수 있을 만큼의 식량을 확보할 수 있게 되었다.

맬서스의 주장을 비웃기라도 하듯이 현재 경제 선진국 가운데 저출산 문제를 겪지 않는 나라가 하나도 없다. OECD 국가 중 지난 30년 동안 한 가정이 평균 2명 이상의 자녀를 낳은 나라가 거의 없는 실정이다. 경제가 발전한 나라일수록 아이를 많이 낳을 것 같지만 현실은 그 예상을 벗어나 있다. 우리나라나 일본처럼 동아시아의 대표적인 초저출산 국가들은 노동 인구가 급격히 줄어들고 있는 반면, 경제 발전이 지체되고 있는 남아메리카나 아프리카 대륙 국가들은 선진국들에 비해 상대적으로 높은 출산율을 유지하고 있다.

맬서스의 경고는 너무나 강력한 것이어서 선진국들은 20여 년 전까지만 해도 인구가 계속 늘어날 것이라는 믿음에서 벗어나지 못했다. 그러나 상황은 역전되었다. 선진국을 중심으로 저출산에 대한 우려가 확산되면서 특단의 대책이 필요하게 된 것이다. 그런데 오랜 기간을 두고 출산율이 하락한 선진국과는 달리 우리나라는 갑작스럽게 출산율이 감소했다. 우리나라의 2011년 합계출산율은 1.24명으로 나타나고 있다. 합계출산율이란 한 명의 여성이 15세에서 49세까지의 가임 기간 동안 평균적으로 낳는 자녀의 수를 말한다. 합계출산율 1.24명은 세계에서 가장 낮은 수준이다.

전문가들은 합계출산율이 2.1명은 되어야 현재의 인구를 유지할 수 있다고 말한다. 따라서 우리나라의 합계출산율은 인구 유지도 어려운 수준일 뿐 아니라 향후 경제 활동에도 큰 영향을 미치게 될 정도인 것이다. 저출산의 영향은 다방면에서 동시에 나타나고 있다. 취학 아동이 급속히 줄어들면서 농어촌 지역의 일부 학교는 문을 닫아야 할 상황이 되었고, 앞으로는 병역 자원의 감소로 군대를 유지하는 데에도 영향을 줄 전망이다. 더욱 우려되는 점은 유소년 인구의 급격한 감소이다.

문제는 앞으로도 해결책을 찾아내기가 쉽지 않을 것이라는 점이다. 그동안 저출산의 징후가 곳곳에서 나타나고 있었음에도 불구하고 우리는 이 문제에 충분히 대비를 하지 못했다. 필자는 지금도 1984년을 떠올리며 안타까움을 느낄 때가 많다. 1984년은 우리나라의 합계출

"난 동정이 아니라 월급이 필요해요. …
내가 엎드려 빌게 만들지 마세요, 제발."

동정이 아니라 월급이 필요하다는 에린의 외침은 우리 사회가 추구해야 하는 방향에 대한 외침이다. 정부가 여성의 육아 부담을 덜어 안심하고 일할 수 있는 기회를 제공해야 한다.

산율이 2.0명 이하로 내려간 해이다. 그럼에도 불구하고 정부는 저출산이 사회문제로 대두될 때까지 전혀 심각성을 인식하지 못했다. 정부의 안일한 인식은 그동안의 가족계획 표어에서도 확인할 수 있다. 1960년대에는 "덮어놓고 낳다 보면 거지꼴을 못 면한다"라는 상당히 공격적인 표어가 유행했었다.

저출산, 1984년 이후 잃어버린 20년

당시에는 웃을 수도 없는 일들이 많이 벌어졌다. 2006년에 개봉했던 한국 영화인 〈잘살아보세〉를 보면 그때의 풍경을 엿볼 수 있다. 영화는 1970년을 시대적 배경으로 하고 있다. 그 시절에는 극장에서 영화를 상영하기 전에 '대한뉴스'를 의무적으로 상영해야 했다. 주로 대통령의 동향이나 국가 산업에 대한 홍보성 내용이 주된 내용인 영상물이었다. 아울러 공익광고를 한두 편 상영했는데 단골 주제가 바로 가족계획이었다.

1970년대에는 "딸 아들 구별 말고 둘만 낳아 잘 기르자", 1980년대에는 "잘 키운 딸 하나 열 아들 안 부럽다"가 가족계획 표어였다. 30여 년 동안 정부는 산아 제한과 남아선호사상 타파에만 관심을 기울였던 것이다. 합계출산율이 2.0명 이하로 내려가고 있는 상태에서도 "하나씩만 낳아도 삼천리는 초만원", "한 부모에 한 아이 이웃 간에 오누이" 같은 표어가 거리에 붙어 있을 정도로 우리 사회의 인식에는 큰 변화가 없었다. 마침내 출산율 저하의 심각성을 깨달은 최근에 와서야 가족계획 표어가 "혼자는 싫어요"로 바뀌었다.

미래를 내다보는 안목을 가졌더라면 합계출산율이 2.0명 이하로 내려간 1984년에 인구 정책의 방향을 출산 억제에서 출산 장려로 돌렸어야 했다. 그러나 우리는 미래에 다가올 재앙을 전혀 깨닫지 못한 채 도시마다 인구 시계탑을 설치하는 한편, 훈련에 참가한 예비군들을 대상으로 불임 시술을 했다. 안타깝지만 재정 당국 역시 이러한 가족계획사업을 계속 지원해 왔다. 정부는 출산율이 1.5명 이하로 떨어진 다음인 1999년에 이르러서야 가족계획협회에 대한 예산 지원을 중단했다. 정부와 전문가 모두 이미 코앞에 다가온 저출산의 위협에 시의적절한 대응을 하지 못한 것이다. 결국 1984년 이후 20년이 넘는 세월을 잃어버린 셈이다.

우리나라는 1998년의 IMF 외환위기 이후 지금까지, 유례없이 짧은 기간에 가장 큰 폭으로 출산율이 하락했다. 그 결과 지금은 세계에서 가장 낮은 출산율에 머물고 있다. 외환위기 직후 청년층의 구직난에 부모의 경제적 어려움도 가중되면서 젊은이들이 결혼과 출산을 미루었기 때문이다. 이런 심각한 상황에서도 우리나라는 2000년대 들어서야 저출산 문제를 국가적인 과제로 인식하기 시작했다. 안타까운 점은 앞으로 출산 장려를 위해 노력한다 해도 그 효과가 대략 20~30년 후에야 나타난다는 사실이다. 지금 출산율을 높인다 해도 그 아이들이 경제 활동 인구로 성장하기까지는 최소 20년이 걸리기 때문이다. 경제 활동 인구의 부족 현상은 이미 돌이킬 수 없이 '진행된 미래'가 되어 버린 것이다.

그런데 현실적으로 출산율을 1.1명 수준에서 2.1명 수준 이상으로 끌어올리는 것이 가능한 일일까? 선진국의 경우를 보더라도 오랜 기간 대책을 추진했지만 주목할 정도의 출산율 상승을 보인 국가가 별로 없다. 프랑스·스웨덴·덴마크 등이 출산율 하락을 막는 데 비교적 성공을 거둔 국가라 할 수 있다. 하지만 아직까지 합계출산율이 1.6~1.8명 수준에 그치고 있다. 프랑스는 1990~2003년간 매년 GDP의 약 3%를 투입하고도 출산율을 0.11명 높이는 데 그치고 있다. 따라서 출산율을 높이기 위한 노력을 꾸준히 전개하되, 저출산에 적응할 수 있는 사회를 만들어 가는 노력도 병행할 필요가 있다.

저출산은 노동력 부족을 초래하여 성장잠재력을 약화시키고, 인구 감소에 따른 내수 시장 축소로 내수 기반을 흔들 가능성도 있다. 또 국민연금이 빠른 속도로 부실화되어 청년층의 부담이 늘어나게 된다. 그만큼 저출산이 우리 사회에 미치는 영향은 매우 심각한 것이다. 인구 감소에도 불구하고 경제와 사회가 활력을 유지하고, 지속가능한 경제 성장을 실현할 수 있는 사회로 체질을 개선해 나가야 한다.

국민들의 총노동 기간이 경쟁력이다

결론적으로 말해 저출산 문제를 해결하기 위해서는 출산이 고용을 가로막지 않고, 고용이 출산을 저해하지 않는 환경을 만들어야 한다. OECD 국가의 경우 여성 고용률이 높을수록 출산율도 높은데 이러한 사실은 시사해 주는 바가 매우 크다. 특히 우리나라의 경우 여성의 경제 활동 참여가 무엇보다 절실하다. 《이코노미스트》지는 2006년 4월호에서 향후 경제 성장을 위한 핵심 키워드가 '여성'이라고 보도했다. 여성의 능력을 어떻게 활용하는지의 여부가 앞으로 국가와 기업의 미래를 결정짓는 가장 중요한 요소라는 것이다. 우리나라 역시 성장잠재력을 강화하기 위해서는 여성 인력의 활용 방안을 적극 모색해야 한다.

하지만 현실은 그리 밝지 않다. 우리나라 여성의 경제 활동 참가율은 해마다 증가되어 왔지만 아직도 선진국 수준에는 크게 못 미치고 있다. 2011년의 우리나라 여성 고용률은 53% 수준으로, 독일, 스웨덴, 덴마크의 70% 수준은 물론 일본의 62%에도 크게 못 미친다. 여성들이 경제 활동에 적극적으로 참여하지 않는 것은 국가적인 손실이 아닐 수 없다. 물론 이들이 경제 활동에 나서지 못하는 데는 그만한 이유가 있다. 앞에서도 말했듯이 육아 문제가 경제 활동을 원하는 여성들에게 가장 큰 걸림돌이 되고 있다. 아직도 '여성의 결혼과 출산은 곧 퇴직'이라는 인식이 우리 사회를 지배하고 있기 때문이다.

다시 〈에린 브로코비치〉로 돌아가 보자. 에린은 변호사 사무실에 취직해서 독극물을 방출하는 거대 기업을 상대로 소송을 벌인다. 그리고 결국 중재안을 이끌어내 무고한 피해자들에게 거액의 보상금을 안겨준다. 아무나 할 수 없는 일이었지만 그녀는 어려운 여건 속에서도 해냈다. 우리 사회에는 에린처럼 능력이 있지만 육아 문제 등의 고민 때문에 취업을 포기하는 여성들이 많을 것이다. 실제로 에린 역시 비슷한 고민으로 힘들어했다. 그렇다면 이는 국가적으로 매우 치명적인 손실인 것이다.

그런 여성 인재들을 등용하고 출산율을 높이기 위해서라도 육아 부담을 덜어주는 제도적 장치를 마련해야 한다. 다양한 대책 중에서도 출산율을 높이기 위한 가장 근본적인 처방은, 국민들이 자녀를 낳고

기르는 데 어려움을 느끼지 않도록 주택 · 의료 · 교육 등 기본수요를 충족시키는 것이다. 기본수요가 해결되지 않는 한, 출산 장려 정책은 공염불에 그칠 공산이 크기 때문이다.

앞에서도 언급했지만, 정부가 OECD 34개국 가운데 1위라고 발표한 '우수 지표' 1순위가 '연평균 노동 시간'이다. 그렇다면 우리나라 국민들의 평생 노동 기간(직장을 다니는 기간)도 1위일까? 공식 통계는 없지만, 아마 순위가 한참 떨어질 것이다. 여성의 고용률이 낮으므로 당연히 여성들의 평생 노동 기간도 짧을 것이다. 대학 취학률이 높으니 직장을 구하는 시점도 늦을 것이다. 특히 남성은 군대까지 갔다 와야 한다. 더욱이 정년도 짧아 조기 퇴직하는 일이 비일비재하다. 대체로 선진국에 비해 생애 노동 기간이 10년 정도 짧다고 볼 수 있다. 이 문제를 해결해야 한다. 짧은 기간만 노동 강도를 높임으로써 생활의 질을 황폐화시키면 안 된다. 평생에 걸쳐 일을 하는 노동 기간을 늘려 주어야 생애 소득이 높아지고 생활의 질이 높아진다. 이를 위해 정부는 모든 조치를 다해야 한다.

군대, 근무하고 싶은 좋은 직장으로 변해야

평생 노동 기간을 늘려 주기 위해서도 젊은이들의 군대 문제를 해결해 주어야 한다. 이는 단순히 사회 부조리를 해결하는 정도에 그치는 것이 아니다. 일자리 문제를 위해서도, 또 국가 안보를 위해서도 해결해야 하는 중요한 문제이다. 앞에서도 말했듯이 우리나라 직장인들의 연평균 노동 시간은 세계 1위이지만, 생애 노동 기간은 선진국에 비해 무려 10년이나 짧다. 어린이의 취학 연령이 선진국보다 높고, 정년이 너무 빠른 데 더하여 군복무 기간까지 있기 때문이다. 이는 국가 경제의 측면에서도 손실이다. 개인의 입장에서도 평생 벌 수 있는 생애 소득이 줄어든다. 특히 가장 혈기왕성한 나이에 수행해야 하는 군 복무는 국민 경제적 측면에서 볼 때 노동력의 손실이 매우 크다.

군대는 젊은이들이 근무해 보고 싶어 하는 좋은 직장 가운데 하나로 변해야 한다. 이를 위해서는 현재의 강제 징집 제도를 사유롭게 선택할 수 있는 모병제로 전환해야 한다. 일반적으로 강제 징집은 자발적 참여에 비해 전투에 임하는 정신력에서도 차이가 나는 것으로 알려져 있다. 러시아는 1주일이면 끝낼 수 있을 것으로 생각하고 시작한 체첸공화국과의 전쟁이 장기화되면서 사상자도 엄청나게 발생하자, 모병제로의 전환을 추진하고 있다. 자발적 군대와 강제로 징집된 군대의 전투력 차이를 인정한 것이다. 중국이라는 군사 대국과 마주보고 있는 대만조차도 2015년부터는 강제적인 징병제 대신 모병제를 시행할 예정이다.

우리나라에서는 모병제를 도입하려면 엄청난 비용이 드는 것으로 생각한다. 그렇지는 않다. 현재의 의무적 징병제는 민간 부문에 종사했을 때의 임금보다 현저히 낮은 수준으로 젊은 인력을 쓸 수 있어 국방 예산을 대폭 절감하는 것처럼 보인다. 그러나 사회 전체적인 비용으로 보면 숨겨져 있는 기회비용이 엄청나다. 군대에 가는 사람은 자신이 노동 시장에서 받을 수 있는 만큼의 현물세natural tax를 납부하는 셈이다. 월급, 수당, 성과급 전부를 합쳐서 1인당 월 200만 원 정도를 받는 인력이 사병으로 징집되어 군 복무를 하고 있다고 가정해 보자. 연간 12조 원 정도의 사회적 비용이 보이지 않게 국방에 쓰이고 있는 셈이다.

모병제를 도입함에 따라 사병들의 숙련도가 높아지고 정예화되어 인력을 감축할 수 있다고 가정해 보자. 이 경우에는 당연히 모병제 도입에 따른 비용이 더욱 줄어들게 된다. 결국 모병제 도입은 비용의 문제가 아니다. 인력 운영 규모나 지불하는 임금 등에 따라서 추가 비용이 크게 없어도 도입할 수 있다. 모병제는 '평등'에 관한 문제이다.

모병제와 징병제의 경제적 차이

현재의 징병제 체제를 모병제로 전환하였을 때 과연 어떤 경제적 차이가 있을까? 이는 다음의 그래프를 통해 살펴볼 수 있을 것이다.

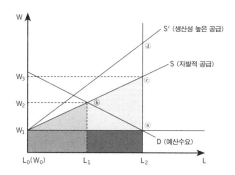

위 그래프를 보면 현재 우리나라가 징병제를 운영함에 따른 사회적인 총비용은 $W_1 L_0 L_2 \text{ⓓ}$(징병제의 사회적인 총비용)이다. 하지만 실제로는 징병 군인들이 사회에 있다면 지불받아야 하는 임금인 ⓓ만큼 지불하지 않고, 군인 급여인 ⓐ만큼만 지불하여 실제로는 $L_2 \text{ⓐ}$(징병제

비용)가 국방비로 잡힌다.

그런데 사실은 사회 전체적인 비용인 $W_1L_0L_2$ⓓ(징병제의 사회적인 총비용)와 실제 지급하는 비용인 $W_1L_0L_2$ⓐ(징병제 비용)와의 차이인 W_1ⓐⓓ만큼이 과소하게 잡히고 있는 것인데, 이처럼 드러나지 않아 과소 계상된 비용까지 감안하면 징병제에 따른 비용은 매우 큰 것이다.

만일 모병제를 도입하면서 군인 수를 징병제와 같은 수준인 L_2만큼 유지한다고 가정(유지 모병제)하고 비용을 계산해 보자.

이 경우 총비용은 $W_1L_0L_2$ⓒ이다. 왜 지불하는 임금이 징병제의 비용 ⓓ가 모병제의 비용 ⓒ보다 많을까? 징병제의 경우 대한민국의 건강한 남성이라면, 박사이든 고급 기술자이든 상관없이 군대에 가야 하는데, 모병제를 도입하면 이처럼 사회적으로 임금이 높은 박사, 고급 기술자들은 사회에서 돈을 벌어서 세금으로 기여하도록 하고, 군대에는 그 수준에 맞는 중간기술자, 학사, 석사 학위자들을 모병하여 사용하게 되므로 지불하는 비용이 낮아질 수 있다.

따라서 유지 모병제를 도입해도 사회적인 총비용($W_1L_0L_2$ⓒ)은 징병제의 사회적인 총비용($W_1L_0L_2$ⓓ)보다 낮아 결국 사회 전체적으로는 W_1ⓒⓓ만큼 경제적인 이익이 있는 것이다. 모병제를 도입한 후 인력의 숙련도가 높아지고 정예화 되어 인력을 L_2수준보다 적은 L_1수준으로 감축할 수 있다고 가정해 보자. 이 경우에는 모병제 도입에 따른 비용이 더욱 줄어들게 된다.

즉 감축 모병제 도입에 따른 총비용은 $W_1L_0L_1$ⓑ로 된다. 이 경우, 감축모병제 비용($W_1L_0L_1$ⓑ)과 징병제의 비용($W_1L_0L_2$ⓐ)을 비교해 보면, 비용 면에서 얼마나 차이가 나는지를 바로 판단할 수 있다. 따라서 모병제는 인력운영 규모나 지불하는 임금 등에 따라서는 추가 비용이 크게 없어도 도입이 가능한 것이다.

노동집약형 군대에서 첨단장비를 갖춘 정예군으로

어떤 것이 현실적으로 평등한 방법일까? 이제는 공론화를 통해 논의를 시작해 볼 필요가 있다. 모병제 도입은 단계적으로 추진하는 점진적 방안도 있고, 독일처럼 느슨한 징병제를 채택하는 방안도 있을 것이다. 우리나라의 인구와 주변 정세 등을 고려해 볼 때 국가 대對 국가의 총력전이 벌어지면, 어차피 총동원령은 불가피하다고 보아야 한다. 이는 모병제 도입을 결정하는 경우, 세부 실행 단계에서 구체적으로 논의해 볼 수 있을 것이다.

아무튼 모병제를 도입하면 우선 사회적으로는 수십만 개의 청년 일자리가 생기는 효과가 발생한다. 그것도 상당히 괜찮은 일자리이다. 많은 것을 배울 수 있는, 장래성이 있는 일자리이다.

둘째로 모병제는 첨단 정예 강군, 기술 강군으로 가는 길이다. 모병제를 하면 장기 복무를 바탕으로 군대 생활이 직업화·전문화된다. 상대적으로 높은 임금에 상응하는 생산성을 발휘해 적은 인력으로도 국가 안보라는 목표를 달성할 수 있다. 보유 무기의 활용도와 숙련도의 측면에서 볼 때 징병제를 통한 단기 복무 사병들에 비해 전투 능력이 월등히 우수할 것이다. 지금 우리 군은 첨단 무기 중심의 군대 체계로 개편을 추진하고 있다. 첨단 무기를 다룰 수 있는 장기적이고 숙련된 고급 전문 인력이 필요하다. 뿐만 아니라 징병제에서는 반복

될 수밖에 없는 신병 훈련이 감소됨으로써 여기에 투입되는 비용도 축소된다. 교육 담당 인력도 줄어들어 추가적인 비용 절감 효과가 나타난다.

징병제는 저렴한 가격으로 인력을 손쉽게 확보한다. 이는 노동 인력의 비효율적 투입, 또는 과잉 인력의 투입이라는 문제를 야기한다. 즉 임금과 자본재 사용 가격 사이에서 요소 상대 가격의 왜곡 현상이 발생하게 된다. 이는 결국 방위산업 기술의 발전과 군 현대화를 지체시키는 요인으로 작용할 가능성이 크다. 현대식 무기 체계를 중심으로 한 전력 구조로의 전환이 지체될 가능성도 있는 것이다.

자식을 둔 국민들의 입장에서 보면 교전 상대국의 전사자 100명보다 우리 측 전사자 1명의 목숨이 더 소중하다. 인명을 가볍게 여기는 노동집약형 군대가 아니라 첨단 장비를 갖춘 정예군이 되어야 하는 이유가 여기에 있다.

셋째, 앞에서도 말했지만 모병제는 비용이 적게 든다. 우리나라의 재정 능력으로 충분히 감당할 수 있다. 모병제를 도입해야 한다고 주장하는 사람도 돈 문제를 걱정하곤 한다. 징병제와 비교할 때 많은 비용이 발생하여, 이는 결국 국방 예산의 증액으로 이어져 한계가 있다는 지적이다.

그러나 조금만 따져 보면 모병제에 소요되는 비용이 감당하지 못할 수준이 아님을 알게 된다. 월 100만 원의 보수로 사병 50만 명을 유지하는 데에는 연간 6조 원이 소요된다. 30만 명 수준을 유지하면 3.6조 원 정도가 소요된다. 현재도 국방비 가운데 인건비는 10조 원이 넘는다. 2012년의 경우 국방 예산이 대략 33조 원인데 이 가운데 인건비는 12조 원 수준이다.*

물론 모병이 가능하기 위해서는 사병의 임금을 얼마로 책정해야 하는가의 문제가 남는다. 군인이라는 직업에 대한 선호도를 놓고 보면, 사적인 자유와 생명 안전의 문제 등에 따른 감액 효과가 있겠지만 의식주, 의료, 교육, 안전 등 기본수요가 해결됨에 따른 증액 효과도 있을 것이다.

넷째, 모병제는 병역과 관련된 여러 가지 소모적 논쟁에 종지부를 찍을 수 있다. 우리나라의 경우 병역 비리 사건, 고위 공직자와 그 자녀들의 병역 문제, 양심적·종교적 이유로 인한 병역 거부, 군필자 가산점 제도의 위헌 판결 등 병역과 관련된 소모적 논쟁으로 시달리고 있다. 군대 문제는 청년들과 그 청년들을 자식으로 둔 부모들의 최대 고민거리 가운데 하나이다. 국가가 해결책을 강구해 주어야 한다.

양심적·종교적 이유의 병역 거부도 해결되어야 할 문제이다. 전쟁에의 참여 여부는 개인의 자유의사가 존중되어야 한다. 독일처럼 느슨한 의미의 징병제를 참고할 수도 있다. 그래서 양심적·종교적 이유에 의한 병역 거부자를 감옥에 보내는 대신 사회 복무에 종사하게 할 수도 있을 것이다.

군필자에 대한 가산점 문제도 마찬가지이다. 남자에 대한 일방적인 강제 징집은 여자와 평등한 상태에서 경쟁을 해야 하는 젊은 남자에게 불리한 제도이다.

---

*33조 원은 대체로 인건비 12조 원(급식, 피복비 포함시 13조원), 전력유지비 10조 원, 방위력개선비 10조 원으로 구성되어 있다.

여군의 비율, 충분히 높아질 수 있다

헌법은 병역의 의무를 남녀 모두에게 부여하고 있지만 병역법을 통해 남자만 징집 대상으로 규정하고 있다. 여자의 입장에서 보면 군에 가고 싶어도 갈 수 없는 만큼 사실상 차별을 받고 있다고 주장할 수도 있다. 따라서 모병제를 실시하기 이전이라도 우선 여성에게 군의 문호를 많이 열어야 한다.

지난 여름에는 올림픽의 열기가 전국을 달구었다. 무더운 열대야를 뜬눈으로 지새우던 국민들은 런던에서 날아오는 통쾌한 승전보를 접하면서 감동의 순간을 만끽했다. 특히 여자 국가대표 선수들의 눈부신 활약이 큰 감동을 주었다. 13억 대륙의 인구에서 선발된 중국의 대표 선수들을 따돌리는 여자 양궁 대표선수들을 보면 한국 여성만의 끈기와 근성과 같은 특별한 DNA의 존재를 느끼게 된다. 스포츠뿐만이 아니다. 우리 여성들의 능력은 학문이나 문화예술 등의 분야에서도 세계 어디에 내놓아도 뒤지지 않을 만큼 뛰어나다. 더욱이 최근에는 고등교육의 확대로 여성 고학력자가 늘어나면서 그들의 활동 범위가 무한대로 늘어났다. 하지만 아직도 많은 여성들에게는 재능을 펼칠 기회가 제대로 주어지지 못하고 있는데 참으로 안타까운 일이다.

우리나라의 경우 아직까지 여성의 고용률이 선진국에 비해 낮은 실정이다. 여성의 고용률을 높이려면 보육료 지원 등 육아 부담을 덜어주는 방법도 있겠지만 제대로 된 일자리를 많이 공급해 주는 것이 더 효과적이다. 좋은 일자리라는 측면에서 군대는 여성들에게 많은 가능성을 제공해 줄 매력적인 직장이다. 타 직종에 비해 비교적 성차별도 적고 신분도 보장된다. 물론 이미 각 야전부대의 주요 지휘관, 전투기

조종사, 전투함 승조원 등 최일선에서 여군들이 훌륭히 임무를 수행하고 있다. 하지만 아직까지는 여성들에 대한 일자리 공급이라는 측면에서 군대는 그 문호의 개방이 인색했던 것이 사실이다.

한국의 여군은 2010년 현재 총 6000여 명에 달한다. 부사관 이상 군 간부의 비중으로는 3.5%이지만 전체 군 병력 대비로 본다면 1%대에 불과한 실정이다. 미국은 전체 군인의 15%가 여성이며 프랑스는 13%가 여성으로 구성되어 있다. 정보와 전자, 무인 항공기 등 첨단 장비를 갖춘 군대는 이제 더 이상 과거와 같이 육체적인 힘으로 적을 상대하지 않는다. 군대에서 여성의 비율이 충분히 높아질 수 있는 이유이다.

이미 각 군 사관학교의 경우 여성의 평균 입시경쟁률은 40대 1을 넘어섰다. 여성 ROTC도 치열한 경쟁률을 보이고 있다. 또 여군 부사관에 지원하기 위해 두세 번의 재수도 마다하지 않고 있다. 이러한 열기를 감안하면 군이 여군의 규모를 지금처럼 낮게 제한할 필요가 없다.

생애 노동 기간 연장이 해답이다

우리나라는 다른 나라와 비교가 되지 않을 만큼 빠른 속도로 저출산과 고령화를 경험하고 있다. 그래서 연금을 관리하기 위한 노력이 더욱 절실하다. 지금 연금개혁의 시기를 놓치면 국가 경제 전체에 큰 부담이 될 수도 있다. 행복한 노후 생활을 보장하기 위해서는 국민연금 외에도 퇴직연금, 개인연금 등 사적연금 제도를 활성화하여 다층적인 노후소득 보장체계를 구축할 필요가 있다. 무엇보다도 시급한 것은 정년 연장을 통해 청년과 장년 모두에게 일자리가 제공되도록 해야 한다.

현재 우리나라의 경우 세대 간에 매우 심각하게 상충되는 문제를 안고 있다. 고등학교나 대학을 졸업한 청년들은 일자리를 구하기가 매우 어렵다. 청년 일자리의 창출을 위해서는 현직자들의 조기 퇴직이 필요하다. 직장을 가진 취업자들은 50대 초중반 또는 늦어도 60세에는 퇴직해야 한다. 그런데 이늘은 건강이나 정신적·신체적 나이 등을 고려할 때 앞으로도 한참 동안 일을 할 수 있다. 국가 인력의 손실이다. 일할 기회를 연장해 주어야 한다. 그러나 일자리를 구해야 하는 청년들과 상충하는 문제가 발생한다.

그래서 조화로운 정책이 필요하다. 예를 들면 취업자의 정년을 60세에서 65세로 5년간 연장하여 일할 기회를 확대해 주는 것이다. 다만 취업자의 임금은 55세까지 최고조에 이르도록 하고 이후 56세부터 65세까지의 10년간은 55세 때 받는 임금의 50%만 지급하는 것이다. 나머지 50%의 임금은 청년을 고용하는 비용으로 사용하는 것이다. 청년과 55세 이후의 취업자는 가능하다면 한 팀이 되어 근무하도록 함으로써 취업자의 지식과 노하우를 청년에게 전수해 주는 기회로 활용할 수 있을 것이다.

장년은 정년이 연장됨에 따라 일할 기회를 더 많이 가지게 된다. 또 청년과 함께 근무하게 됨에 따라 다소 약화된 노동 강도 환경에서 일을 하게 된다. 청년은 새로운 일자리를 찾게 되며 더욱이 멘토와 같이 일할 수 있게 된다. 직장에 적응하는 시간을 많이 단축할 수 있게 되어 모두에게 도움이 된다. 처음에는 정부와 공공기관부터 이를 실시하되, 업무의 성격 등을 감안하여 단계적으로 추진한다. 민간이 이 제도를 시행하게 되는 경우, 55세 이후에 청년과 임금을 나누는 부분은 세제 지원 등과 같은 인센티브를 제공하면 좋을 것이다.

국민들의 입장에서는 매일, 매달의 소득도 중요하지만, 평생 버는 생애 소득이 높아야 삶의 질이 높아진다. 평생 동안 일할 수 있는 기간을 늘려 주는 것이 매우 중요하다. 이를 위해서는 학제를 개편해야 한다. 초등학교 6년은 길다. 또 군대가 일자리가 되어야 한다. 그리고 궁극적으로는 획일적인 정년의 개념이 없어져야 한다.

12

권력의 편견이 영혼 없는 공무원을 만든다

〈브라질〉과 관료주의

27년 전인 1985년에 〈브라질Brazil〉이란 제목의 영화가 있었다. 미래 사회의 모습을 그린 영화로, 소름이 끼칠 정도로 놀랍게 오늘날의 사회상을 비슷하게 보여 주고 있다. 이 영화 속의 미래에서는 테러가 빈번하게 일어나는데, 바로 옆에서 사람이 죽어나가도 다른 사람들은 눈 하나 깜짝하지 않고 식사를 계속한다. 성탄절이나 생일에는 성형수술을 위한 여행을 선물로 주고받는다. 또 정규직과 비정규직으로 대표되는 '노동의 양극화' 문제가 재미있는 방식으로 풍자되고 있다.

영화 속 캐릭터 가운데 터틀(로버트 드 니로)이란 인물이 있다. 그는 '센트럴서비스'라는 이름의 국영회사에 대항하면서 몰래 가전제품을 수리하고 다니는 사람이다. 국가는 그를 위험한 테러리스트로 규정하고 수배하는데, 그 죄목이 '프리랜서 체제전복 혐의'이다. 저절로 웃음이 나오게 하는 '혐의'이다. '터틀'이라는 캐릭터는 프리랜서, 즉 '비정규직'에 대한 국가의 시선을 풍자하는 장치이다.

재미있는 것은 공무원 사회에 대한 시각이 세계 어디에서나 비슷

어떤 경제가 우리를 행복하게 하는가

하다는 사실이다. 국민을 상대로 하는 서비스는 정보성Ministry of Information(MOI)이라는 이름의 기관에서 오직 서류 업무만으로 이루어진다. 그런데 이곳에서 일하는 공무원들에게서는 눈을 씻고 보아도 융통성을 발견할 수 없다. 자신들에게 할당된 고유 업무가 아니면 아예 관심조차 가지지 않는다. 서류에서 심각한 오류가 발견되면 책임 소재를 찾지 못해 우왕좌왕한다. 상사가 보고 있을 때에만 열심히 일하는 척을 하다가 상사가 자리를 뜨는 순간 드라마를 보며 딴 짓을 한다. 집에 있는 에어컨 하나를 고치려 해도 '센트럴서비스'라는 국영회사를 통하지 않으면 불법으로 간주된다. 그나마 적절한 서류 절차를 거치지 않으면 제대로 된 수리를 받을 수도 없다.

회의장에 들어온 뱀과 로스페로의 촌철살인

이 영화는 처음부터 끝까지 관료 사회를 공격하는 데 주저함이 없다. 영화의 주인공인 샘은 MOI 산하의 기록부에서 일을 한다. 어느

"정말로 샘! 언제 저 테러리스트들 좀 어떻게 할 수 없는 거니?" "지금은 점심 시간이에요, 엄마. 게다가 제 담당 부서도 아니라고요."

이제 관료 사회도 시대의 요구에 맞추어 변화하지 않으면 그 생존이 위협받는 시대를 맞고 있다. 공무원도 '관리자'에서 '전문서비스 제공자'로 변화하지 않으면 그 고객인 국민으로부터 신뢰를 얻을 수 없다. 혁신이란 시대적 변화를 정확히 파악하고 이에 능동적으로 대처할 수 있는 체질로 신속히 변화하는 것을 의미한다.

날 그는 성형수술에 중독된 어머니와 점심식사를 한다. 그런데 바로 옆에서 폭탄테러가 발생하고 사람들이 죽거나 다친다. 그 광경을 마치 영화 보듯이 하는 어머니는 식사를 계속하면서 아들에게 투덜댄다. "공무원인 네가 좀 어떻게 할 수 없냐?" 샘의 대답이 걸작이다. "지금은 점심시간이에요, 엄마. 게다가 제 담당 부서도 아니라고요."

우리는 공무원 집단에 대해 진지하게 생각해 보아야 한다. 공무원 집단에 대해서는 유명한 '파킨슨의 법칙Parkinson's Law'이라는 것이 있다. 영국의 역사학자이자 경영연구가인 시릴 파킨슨Cyril Parkinson이 제시한 법칙이다. 이 법칙에 따르면 공무원은 업무의 양이나 질에 관계없이 항상 일정한 비율로 증가한다. 공무원 사회의 업무는 할당량에 관계없이 시간을 채울 때까지 계속 늘어나고, 조직 또한 비대해진다는 것이다. 오늘날에도 많은 사람들이 이 법칙을 들어 공무원 사회의 비효율성을 지적하고 있다.

텍사스의 억만장자이자 일렉트로닉 데이터 시스템Electronic Data Systems(EDS)의 창립자인 '로스 페로'도 일찍이 관성화된 조직의 폐해를 신랄하게 지적한 바 있다. 페로는 자신이 소유했던 EDS 사를 제너럴 모터스(GM)에 1조 7500억 원에 팔고, 그 대가로 GM의 주식을 받아 최대의 개인 주주가 되었다. 이사가 된 페로는 GM의 개혁을 시도했지만 사사건건 임원들과 충돌하였고, 결국 1984년 GM이 EDS를 흡수하면서 이사직을 사임했다. GM을 떠날 때 그는 거대 조직의 비능률을 풍자하면서 이런 말을 남겼다. "GM에서 회의가 열리고 있을 때, 만일 독사 한 마리가 회의장에 들어온다면 어떻게 될까? 아마 GM 맨들은 뱀을 어떻게 죽일지 논의하기 위해 위원회를 구성할 것이다.

그러나 EDS라면 그 자리에서 뱀을 밟아 죽였을 것이다."

춘철살인의 표현이다. 로스 페로의 지적처럼 예전의 관료 조직은 이러한 상황에 너무나 익숙해져 있었다. 일이 터지면 일단 대책위원회부터 구성한 다음 어떤 외부 전문가들로 자문위원단을 구성할 것인가의 문제부터 토의한다. 관료들은 책임을 분산시키는 한편, 추진하는 정책의 당위성을 확보하기 위해 다수의 인사들로 자문단을 구성한다. 그러나 반복되는 회의의 끝에 무엇을 할 것인가를 결정했을 즈음이 되면 회의장에 들어온 뱀은 이미 먹이가 없어 굶어죽어 있을 것이다. 로스 페로는 GM뿐 아니라 미국 정부의 행정 시스템도 이와 유사하다고 생각했을 것이다.

로스 페로가 1992년과 1996년에 미국 대통령 선거에 출마했던 이유가 짐작된다. 그는 아마도 비능률적인 의사결정 시스템을 변화시키고 싶었을 것이다. 사람들은 변화에 둔감한 대표적인 조직으로 관료사회를 꼽는다. 앞으로 50년 내에 관료 체제가 임종을 맞이할 가능성이 있다고 경고하는 학자도 있다. 사회심리학자이자 산업경영학 교수인 워렌 베니스Warren Bennis는 향후 50년 이내에 우리 모두가 관료체제의 임종을 보게 될 것이라고 강조한다.

미래학자인 앨빈 토플러 역시 자신의 저서인 《미래 쇼크Future Shock》에서 베니스의 말을 인용하면서 "미래의 세계에서는 피라미드형의 권위주의적 관료체제나 대의민주주의는 붕괴되고 참여민주주의만이 요구될 것"이라고 주장했다. 이들의 주장에 따르면 과거에는 관료체제가 통신수단이나 운송수단에 대해 우선권을 가지고 있었기 때문에 빠른 의사결정을 할 수 있었지만, 오늘날에는 관료들이 이러한 수단을 독점하지 않고 있으며 또 위계질서와 폐쇄주의로 인해 오히려 전파의 속도를 방해한다는 것이다.

관료 조직이 완전히 사라질 것으로 예상하는 사람은 거의 없다. 하지만 대부분의 사람들이 관료에 대해 부정적인 인식을 갖고 있는 것은 사실이다. 기업인들이 변화에 능동적이고 생산적이며 고객 지향의 마인드를 가졌다고 생각하는 반면, 관료들은 변화에 둔감하고 나태하며 불친절하다고 생각한다. 통신·운송 수단이 부족하던 일제 식민시대에 만들어진 동사무소(주민센터)와 파출소(지구대)를 지금도 유지하고 있는 현실을 보면 그런 생각이 드는 것도 당연한 일이다.

공무원에 대한 뿌리 깊은 부정적 인식은 동서고금을 막론하고 비슷하다. 그러나 선진국들은 이런 폐해를 극복하기 위해 끊임없이 노력해 왔고, 그 결과 선진화된 사회일수록 관료에 대한 신뢰도가 높다. 우리 관료사회도 신뢰를 더 높여야 하며 더 합리적이고 효율적인 결정 시스템을 갖추도록 노력해야 한다. "'공직이 제일 낫다. 공직은 해먹을 만하다'라는 소리가 나오는 한 우리나라 관료 사회는 아직 멀었다"라고 지적한 어느 언론인의 말이 귓가에 맴돈다. 기업만이 선진국과 경쟁을 하는 것은 아니다. 우리나라의 공무원도 선진국의 공무원과 보이지 않게 경쟁을 하고 있는 것이다. 뒤떨어져서는 안 된다. 피해자는 국민이다.

영화 〈브라질〉에는 관료주의의 실상을 보여 주는 재미있는 에피소드가 등장한다. 국가의 착오로 이웃 남자가 엉뚱하게 체포되어 가는 장면을 목격한 여주인공이 이를 신고하기 위해 MOI를 방문한다. 그런데 그녀가 처음 찾아간 정보수정부에서는 자신들의 관할이 아니라며 그녀를 기록부로 보낸다. 하지만 기록부에서는 필요한 양식을 작성하기 위해서는 도장을 받아와야 한다며 그녀를 다시 정보수정부로 보낸다.

시민정신을 무력화시키는 관료주의

단지 영화에서만 볼 수 있는 이야기가 아니다. 필자도 비슷한 일을 겪은 적이 있다. 17여 년 전쯤의 일이다. 정부의 예산당국에서 국장급으로 근무하고 있을 때였다. 국회에서 예산심의가 한창 진행되던 시기여서 밤늦게 귀가하는 일이 잦았다. 그날도 새벽 3시 가까이 되어서야 국회에서 나와 집으로 향했다. 올림픽대로에서 자동차를 급히 몰면서 이수교 부근을 지나고 있는데, 깜깜한 어둠 속에서 도로 위에 쓰러져 있는 사람이 눈에 띄었다. 당시 확장공사를 하고 있던 도로변이었다. 자동차 전용도로여서 눈 깜짝할 사이에 지나친 탓에 다시 차를 세워 확인할 수가 없었다. 술에 취해 넘어진 것일 수도 있었는데 아무튼 그대로 두면 차에 치일지도 모른다는 생각이 들었다.

일단 경찰서에 전화를 걸기 위해 주변의 공중전화부터 찾았다. 차의 속도를 줄이면서 주위를 둘러보았지만 전화는 눈에 띄지 않았다. 다행히 차량 통행이 뜸한 새벽이라 속도를 내면 집까지는 10분이면 도착할 수 있었다. 그래서 공중전화를 찾아 헤매는 것보다는 서둘러 집에 도착하여 신고를 하는 편이 나을 것이라는 판단을 했다.

집에 도착하자마자 112로 전화를 걸어 이 사실을 알렸다. 그런데 전화를 받은 경찰관의 말을 듣고는 어리둥절해질 수밖에 없었다. 사람이 쓰러져 있는 곳이 서울이므로 서울 112로 신고를 하라는 것이었다. 화가 나서 "과천 전화가 서울 전화인데 서울 112는 어떤 방법으로 전화하느냐"고 따졌다. 그 경찰관은 어쨌든 서울에 있는 관할 경찰서로 연락하라는 것이었다. 머리끝까지 화가 치밀어 올라 "신고를 받은 경찰이 해당 경찰서로 연락을 취해야지 어떻게 신고한 사람에게 연락을 하라고 요구하느냐? 가만두지 않겠다!"고 고래고래 고함을 질렀다.

항의가 계속되자 내부에 스피커 장치가 되어 있었는지, 야간당직 근무를 하던 책임자가 대신 전화를 받았다. 필자는 우선 신분을 밝히면서 전후 사정을 자세히 설명했다. 그러고는 경찰의 대응 방식에 문제가 있다는 점을 지적했다. 그 책임자는 정중히 사과를 한 후 곧바로 처리하겠다는 대답을 했다. 전화를 끊고 나서 곧바로 잠에 빠져들었는데 새벽 네 시 반 무렵에 다시 전화벨이 울렸다. 신고한 사건을 담당하게 된 경찰관으로부터 온 전화였다.

그 경찰은 "도로에 쓰러져 있던 사람을 병원에 옮겼는데 아마도 사망한 것 같다"고 말하면서 목격자의 진술이 반드시 필요하다는 것이었다. 그 이야기를 듣자 다시 부아가 치밀었다. 목격자 진술이 필요하면 날이 밝은 후에 연락하면 될 일이었다. 새벽 네 시 반에 그것도 방금 잠자리에 든 사람을 깨운다는 것이 도저히 이해되지 않았다. 화가 잔뜩 난 말투로 조목조목 따진 후에 다시는 연락하지 말라면서 전화를 끊었다.

그날 아침, 계속되는 예산심의에 참석하기 위해 국회에 나갔다가 몇몇 사람들에게 새벽에 겪은 일을 이야기했다. 그 말을 들은 사람들은 하나같이 '그럴 때는 아예 신고를 하지 않는 것이 상책'이라는 반응을 보였다. 살인사건의 경우 신고자가 첫 번째 용의자로 수사를 받는 일이 많다면서 앞으로 경찰에 불려 다니며 고생깨나 하겠다는 걱정까지 해주었다. 그러나 그날 이후 경찰로부터는 어떤 연락도 오지 않았다. 너무 야단을 쳐서 그런 것이 아닌가 싶어 그 경찰관에게 미안한 마음이 들기도 했다. 시간이 흐르면서 그 사건에 대한 기억도 점점 잊혀졌다.

그로부터 2년여가 지난 어느 날, 나이 드신 어른 한 분이 청년 한 사람을 데리고 찾아왔다. 낯선 사람의 갑작스런 방문이라 잠시 당황하고 있었는데 그분이 청년을 가리키며 말했다. "이 아이가 그날 새벽에 도로에 쓰러져 있던 제 아들입니다." 그러면서 그분은 깍듯이 인사를 했다. 그 말을 들으니 반갑기도 하고 또 다행이라는 생각도 들었다. 그런데 그 일이 있은 지도 2년이나 지났는데 왜 뒤늦게 찾아온 것일까 궁금했다. 이유를 묻자 어른이 대답을 해주었다. 처음에는 경찰 자신들이 직접 그 청년을 발견했다고 이야기를 했다는 것이었다. 그래서 그 어른은 명절 때마다 당시 사건을 담당했던 경찰관을 찾아가 고맙다는 인사를 하곤 했는데, 그 경찰관이 미안한 마음이 들었는지 2년이 지난 뒤에야 신고인의 신분을 가르쳐 주었다는 것이다.

그 경찰관은 어쩌면 그날 밤 호되게 당한 기억 때문에 가급적이면 성가시게 하지 않으려 했는지도 모른다. 자신들이 발견했다고 해야 신고자 진술을 받지 않아도 되기 때문이다. 아무튼 그 기회에 사고의 경위도 알게 되었다. 청년은 퇴근하던 중에 회사 앞에서 교통사고를 당했는데 가해자에 의해 자동차에 실린 후 도로 확장공사가 진행 중인 자동차 전용도로변에 버려졌다는 것이었다. 다른 차에 치여 숨진 것으로 위장하려 했던 모양이다. 그날 이후, 어르신은 명절 때마다 필자에게 자그마한 선물을 보내곤 했다. 그런데 최근에 신문을 읽던 중 우연히 그분의 사진이 실려 있는 것을 발견했다. 기사를 보니 자원봉사를 하고 있는 노인들을 찍은 사진이었다. 그 사진을 보고 있으니 가슴 한 구석이 따뜻해져 왔다.

정권 교체기마다 시달리는 공무원 사회

영화 〈브라질〉은 관료주의의 지옥을 그려냈다는 점에서 조지 오웰의 《1984》와 맥락을 같이 한다. 수많은 평론가들의 극찬을 받은 이 영화의 놀라운 점은 테러가 일상이 된 현대 사회의 병폐를 정확하게 짚어냈다는 사실이다. 무엇보다 테러에 대한 서구 사회와 그 지도층의 시선을 정확하게 예측하고 있다. 현재 아프가니스탄이나 이라크에서는 미군에 의해 때로는 실수로, 때로는 의도적으로 무력이 행사되

"도장이 없군요. 도장이 없으면 양식을 드릴수가 없습니다."

간단한 공문서 하나를 처리하기 위해 이 부서, 저 부서를 돌아다니는 경험은 누구나 했을 것이다. 서비스 의식이 부족한 공무원 때문에 시간과 에너지를 낭비한 것이다. 공무원은 권위의식을 버리고 변화하는 시대에 맞춰 수요자 중심의 사고를 해야 한다.

고 있다. 이스라엘 역시 모든 아랍권 국가들을 잠재적 위협으로 간주하여 과도한 대응을 하면서 무고한 희생자를 숱하게 낳고 있다.

이는 아랍권의 분노를 야기하고 있으며 이로 인해 또 다른 테러들이 일어나고 있다. 그런데 서구 세계가 내세우는 명분은 명확하다. 그들은 실수로 무고한 사람을 죽여도 그 '실수' 자체도 테러리즘이라는 거대한 위협의 연장선에서 벌어지는 '필연'이라고 말한다. 그런 실수들은 테러에 대항하는 과정에서 발생하는 일에 불과하다는 논리를 전개하고 있다. 최근의 세계는 테러를 자행하는 쪽과 응징하는 쪽의 논리가 맞부딪치고 있다. 빈대 한 마리를 잡기 위해 초가삼간을 모조리 태워 버리는가 하면, 그 과정에서 발생하는 '실수'를 또 다른 희생양에게 전가한다.

〈브라질〉에서도 이와 유사한 상황이 묘사되고 있다. 버틀Buttle이라는 이름의 남자가 정부 조직의 컴퓨터가 오작동한 탓에 테러리스트 터틀Tuttle로 오해를 받는다. 그는 당국에 잡혀가 고문을 당한 끝에 죽는다. 옆집에 살던 여주인공 질은 버틀의 누명을 벗기기 위해 노력하다가 역시 테러리스트로 오인을 받으면서 공권력에 쫓기게 된다. 그녀를 사랑하는 주인공 샘은 국가안전부를 찾아가 그녀와 버틀, 그리고 진짜 테러리스트인 터틀이란 인물 사이에는 아무런 관련이 없으며 단지 우연으로 실수가 발생한 것이라고 설명한다. 그러나 돌아오는 대답은 이렇다. "샘, 우연이란 없네. 모든 것은 연결되어 있어. 원인과 그에 따른 영향으로 말이야. 우리가 할 일은 그 연결고리를 밝혀내는 거야. 이 버틀/터틀 상황은 분명 의도적으로 계획된 오해라고."

무엇이 이런 관료주의의 지옥을 만들어 내는 것일까? 우리나라는 대통령제를 채택하고 있고, 그 임기는 5년이다. 5년마다 선거를 통해 대통령이 바뀐다. 대통령이 바뀌면 정부의 철학이 변하거나 바뀐다. 국정 철학이 바뀌지 않더라도 적어도 정부 정책 기조가 달라지는 것이 통례이다. 인적 기반도 이에 따라 바뀌는 것이 일반적이다. 이런 상황 때문에 관료 사회가 변화에 수동적일 수밖에 없는 것이 아닐까 하는 생각도 든다. 지난 2008년 1월에 이명박 대통령 당선자를 위한 대통령직 인수위원회에서 일어났던 일이 떠오른다. 국정홍보처의 인수위 보고 과정에서 어떤 간부가 '우리는 영혼이 없는 공무원들'이라는 발언을 했는데, 이 말은 대한민국의 공무원을 상징적으로 묘사하는 표현이 되어 공직 사회와 언론계에서 자조적으로 회자되기도 했다.

사실 그 이전의 노무현 정부와 지금의 이명박 정부는 각각 진보와 보수의 영역에 속하면서 경계를 달리하고 있었다. 그래서 그동안 국정홍보처가 참여정부의 이데올로기 역할을 하면서 추진해 온 국정홍보 실적과 행태를 비판하고 방어하는 과정에서 이러한 발언이 나오지 않았을까 싶다. 이 건은 당시 국정홍보처장이 "막스 베버가 '관료는 영혼이 없다'고 했다. 그 말은 관료는 어느 정부에서나 그 정부의 철학에 따라 일할 수밖에 없음을 강조하여 말한 것인데 언론이 잘못 이해하고 보도했다"고 해명하면서 일단락되었다.*

정권이 바뀔 때마다 나타나는 공통적인 현상이 또 하나 있다. 대통령 임기가 끝나갈 즈음이 되면 각 부처의 고위직들은 대통령 비서실로 파견(소위 청와대 근무) 나가는 것을 기피한다. 심지어는 1급인 관리관**으로 승진하는 것도 꺼리는 경향도 있다. 대체로 새 정부가 들어서면 이전 정부에서 잘 나갔던 공무원들은 일단 지난 정부의 철학에 심취되어 있는 인사로 보고 발탁하지 않거나, 때로는 옷을 벗겨 공직을 떠나도록 하는 경우가 적지 않기 때문이다. 물론 일신의 영달을 위해 줄서기를 하는 정치공무원이라면 당연히 그렇게 조치할 수도 있겠다. 그러나 국민을 위해서 또는 그 국민들이 선출해 준 대통령의 국정 철학과 기조를 뒷받침하기 위해 묵묵히 일하는, 능력 있는 공무원들까지 싸잡아서 이렇게 대우하는 것은 바람직한 일이 아니다.

필자가 장관으로 재직했던 기획예산처 예산실을 예로 들어 보자. 예산실은 나라 살림의 예산안을 짜는 곳이다. 즉 세금과 세외 수입으로 거두어들인 정부 재원을 각 부처의 어떤 사업에 어떻게 얼마를 쓸 것인가를 심사하면서 1년 동안 국가 예산안을 짜는 곳이다. 이곳의 직원들은 예산 편성 시기에는 '9-11'을 당연한 것으로 받아들이면서 일을 한다. 대부분 9시에 출근하여 밤 11시에 퇴근하는 것이 보통이다. 매주 토요일은 물론이고 일요일 오후에도 출근하여 예산 심의를 진행하는 것이 관례이다. 보통 예산으로 짤 수 있는 세입 재원은 한정되어 있지만 각 부처의 예산 요구액은 이를 훨씬 초과한다. 그래서 약 8000여 개에 이르는 각 부처의 사업들을 모두 검토하면서 우선순위와 지원액을 심사·확정하다 보니 늘 시간이 부족할 수밖에 없는 것이다.

이들은 재정에 관한 전문 엘리트 집단으로서, 나라살림의 곳간지기

* 100년 전 독일에서 믹스 베버가 말한 '영혼 없는 공무원'이라는 비유는 원래 '공무원은 전문성을 갖추어야 하고 정치적으로 독립된 영역에 존재해야 한다'는 것을 의미했다.
** 지금은 1급 관리관이라는 말이 없어졌고 고위공무원(가급, 나급)으로 통칭되는 데 예전의 1급 관리관은 지금의 고위공무원 가급에 해당한다고 보면 된다.

를 자처하고 있다. 예산은 정책을 숫자로 표현한 것이다. 정책도 예산이 지원되어야 실행할 수 있고, 반대로 예산이 결정되었다는 것은 곧 정책으로 채택되었음을 의미한다. 따라서 예산은 국정 철학을 뒷받침하는, 매우 중요한 요소이다. 국민이 선출해 준 대통령의 국정 철학은 그 정부의 정책 기조와 정책 사업에 투영되고, 예산은 그러한 정부의 정책을 뒷받침한다. 따라서 예산을 지원하는 중점 방향이 정부에 따라 이동된다.

예를 들어 개발연대 시대에는 도로·철도 건설, 산업 지원, 농어업 지원 등 경제개발 예산이 가장 중요한 예산 지원 분야였다. 그러나 김대중 정부와 노무현 정부에서는 생산적 복지 등 복지 예산과 삶의 질 향상을 위한 예산 등 사회복지 예산이 더 중요한 예산 분야로 부각되었다. 남북화해협력을 위한 대북사업 예산도 김대중 정부를 전후하여 다른 양상을 나타냈다. 이명박 정부에서는 다시 개발연대로 되돌아가서 4대강 사업을 했다. 이처럼 국민이 선출한 대통령이 지향하는 국정 철학과 정책 기조를 예산으로 뒷받침하는 것은 공무원으로서 당연한 임무이다.

물론 일신의 영달을 위해 시류에 부화뇌동하며 공무를 수행하는 공무원이 전혀 없다는 주장은 아니다. 오히려 많다고 보아야 한다. 문제의 상당 부분은 공무원 제도에서 비롯된다고 볼 수 있다. 한걸음 더 나아가 정부를 장악한 새로운 정권의 행태 문제이기도 하다. 정부를 장악한 권력의 무분별과 편견이 영혼 없는 공무원을 만들어 내는 것이다. 그러나 공무원은 명심해야 한다. "왕이나 권력을 가진 자들이 너를 부릴 때에도 네 영혼은 너만이 간직할 수 있는 것이라는 것을 기억하라." 영화 〈킹덤 오브 헤븐Kingdon of Heaven〉에 나오는 대사이다.

끊임없이 변화하는 것만이 발전의 원동력

공무원들은 스스로 영혼을 가지고 '변화'해야 한다. 그것이 쉽지 않은 일이라는 것 또한 사실이다. '변화'라는 것이 원래 어렵다. '봉변逢變'이라는 단어를 보자. 단순히 한자를 풀어 보면 '변화를 만나다', '변화에 직면하다'라는 뜻임에도 불구하고 난처함 또는 곤란함을 겪는다는 의미로 사용된다. 그만큼 '변화'는 받아들이기도 실행하기도 어렵다는 사실을 의미한다. 신분보장이 확실한 만큼 공무원들은 자연히 변화를 가장 싫어한다. 받아들여도 가장 늦게 받아들이게 된다.

미래학자인 앨빈 토플러는 관료 조직을 '카멜리펀트camelephant'라고 표현했다. '코끼리의 느린 걸음과 낙타의 지능'을 결합시킨 조직이라는 뜻이다. 그러나 이제 관료 사회도 시대의 요구에 맞추어 변화하지 않으면 그 생존이 위협받는 시대를 맞고 있다. 공무원도 '관리자'에서 '전문서비스 제공자'로 변화하지 않으면 그 고객인 국민으로부터 신뢰를 얻을 수 없다. 혁신이란 시대적 변화를 정확히 파악하고, 이에 능동적으로 대처할 수 있는 체질로 신속히 변화하는 것을 의미한다. 단순히 변화에 적응하는 것은 혁신이라 할 수 없다.

개구리는 온도의 변화에 신속하게 적응하는 변온동물임과 동시에, 물과 뭍을 오가며 살 수 있는 양서류이다. 양서류는 사막 지역에서부터 추운 북극권에 이르기까지 주변의 환경 변화에 훌륭하게 적응할 수 있다. 우리가 흔히 보는 개구리는 섭씨 23도가 생존의 최적 온도인

데, 약간의 온도 변화에도 민감하게 적응한다. 섭씨 23도의 물이 담긴 냄비에 넣고 서서히 가열하면, 개구리는 조금씩 변화하는 온도에 서서히 적응하다가 끝내는 끓는 물에 죽는다고 한다. 이처럼 환경에 적응하는 것은 혁신이라 할 수 없다. 진정한 혁신은 서서히 다가오는 변화를 재빨리 알아차리고는 냄비로부터 탈출하여 뜨거워진 물을 벗어나는 것이다.

　자신의 집안에 대대로 전해 내려오는 조그마한 관습이 불합리하다고 생각해도 그것을 고치는 일은 쉽지 않다. 하물며 남을 고치는 일은 얼마나 어렵겠는가? 최근 화장火葬과 수목장樹木葬에 대해 주변 사람들과 잠시 의견을 나눈 적이 있었다. 우리 민족의 장례 풍습은 본래 화장과 매장이 공존해 왔다. 조선시대에 유교가 지배이념으로 자리를 잡고, 풍수지리 사상이 민간에 널리 퍼지면서 매장이 일반화되었다고 한다. 최근에는 매장이 국토의 효율적 이용을 저해한다는 인식이 확산되고, 유교 이념이 퇴색하면서 화장이 점차 늘어나고 있는 추세이다. 하지만 집안마다 많은 논쟁이 있으며 또 집안의 관습을 고치기는 쉽지 않을 것이다.

　우리는 모두 민족의 문화유산에도 많은 애착을 갖고 있다. 하지만 가끔은 굳이 이렇게까지 할 필요가 있을까 하는 생각이 드는 경우도 있다. 집안에서 지내는 제사의 경우도 그 가운데 하나이다. 지역이나 집안에 따라 다르겠지만 일반적으로 우리나라 사람들은 기제忌祭 · 차례茶禮 · 시제時祭 · 묘제墓祭 등을 지낸다. 종손의 경우에는 4대조까지의 기제는 물론, 5대조 이상의 시제까지 지내야 한다. 한 달에 몇 차례씩 제사를 지내는 것이다. 또 조상들의 묘소가 사방에 흩어져 있는 경우 이를 관리하려면 엄청난 시간과 비용이 든다. 요즘의 젊은이들은 제사 같은 기념일을 잊는 경우도 허다하고, 음력 날짜를 양력으로 확인하는 것도 무척 번거로워한다.

지난 수십 년 동안 우리는 상전벽해와 같은 변화를 겪었다. 눈부신 성장에도 불구하고 정신적인 측면에서는 아직 미흡한 점이 많다. 양적 성장의 속도를 국민들의 의식 수준이 미처 따라가지 못한 때문이다. 정신적 지체 현상이 빚어진 것은 근대화의 과정에서 서구 사회의 물질문명과 제도의 겉모습만을 받아들이는 데에만 급급했기 때문이 아닐까 싶다. 한마디로 말해 물밀듯이 유입되는 서구 문명의 이기利器에만 현혹되어 그들의 의식세계와 문화적 배경을 차분히 들여다볼 여유를 갖지 못했던 것이다. 그 과정에서 오랜 역사를 통해 축적해 왔던 우리의 정신문화가 훼손되거나 사라진 경우도 있다. 또 서구 사회가 갖고 있던 합리적 이성과 과학적 사고체계를 우리 고유의 정신문화와 접목시키지 못함으로써, 정작 수용해야 할 것과 버려야 할 것을 구분하지 못하는 우를 범하기도 했다.

밀레의 〈이삭줍기〉는 그림 자체만 유명한 것이 아니다. 그 그림을 통해 혁신이 이루어졌기 때문이다. 밀레 이전에는 그림을 실내에서 그렸다. 밀레는 바르비종파를 형성해서 캔버스를 실내가 아닌, 햇빛이 있는 바깥으로 들고 나갔다. 귀족들뿐만 아니라 평민의 모습도 캔버스에 담았다. 렘브란트도 미술사에 있어서는 혁신적인 인물이다. 〈새벽〉이라는 작품에 빛의 개념을 도입했다. 아이러니한 일이지만 렘브란트는 그런 혁신을 한 후에 그림이 안 팔려서 몹시 가난하게 살다가 죽었다고 한다. 그만큼 혁신은 어렵고 대가가 따른다는 사실을 의미한다.

또 다른 미술사의 한 장면을 보자. 19세기까지의 그림은 모두 사물을 재현하는 것이었다. 그런데 20세기 초에 사진기와 사진이 대중화되면서 이제 사물의 재현이 무의미해졌다. 아무리 잘 그려 봤자 사진을 따라갈 수 없었기 때문이다. 이를 계기로 20세기 미술에서는 엄청난 혁신이 일어나게 된다. 폴 고갱은 오브제의 재현이 아니라 대상의 이미지를 살리는 데에 초점을 맞추었고, 마티스는 인체를 마음대로 변형시켰으며, 드랭은 색을 빛과 함께 폭발시키는 개념의 그림을 그렸다. 세잔은 이미지가 언어로 나타나게 했고, 뭉크의 〈절규〉는 사실주의에서의 해방, 표현주의Expressionism를 대표하게 되고, 막스 에른스트의 〈세레베스 코끼리〉는 초현실주의Surrealism로 이어지게 된다. 이처럼 미술의 한 분야만 보아도 알 수 있듯이 끊임없이 새로움을 추구하는 것만이 발전의 원동력이 되는 것이다.

폐지되어야 할 행정고시 제도

공직 사회의 구성원은 각자가 이처럼 끊임없이 새로움을 추구하고 혁신을 지향해야 한다. 그래야 국가 발전의 원동력이 될 수 있다. 선진국의 공무원들과 경쟁에서 이겨야 우리 국민들이 당면한 국제 경쟁에서 이길 수 있는 밑바탕이 만들어진다. 공식적으로 혁신 조직을 만들고, 그 조직에 사람을 채우는 것만으로는 목표를 달성할 수 없다. 구성원들의 자발적인 의식 전환과 치열한 노력이 수반되지 않는다면 자칫 모래 위에 지은 누각이 될 수도 있다. 혁신은 누가 이끌어주는 것이 아니라 나부터 변화할 때 가능한 것이다.

관료 한 명의 생각이 바뀌면 나라가 바뀔 수 있다. 국민들이 편안해진다. 공직자 스스로 영혼을 가져야 한다. 고인 물은 썩게 마련이다. 중견 또는 고위 공직자들을 민간 분야에서 폭 넓게 영입해야 한다. 지금처럼 대학에 재학 중이거나 갓 졸업한 젊은 시절에 행정고시에 합격하자마자 중견 공무원으로 임명된 후 평생을 공직에서 보내는 방식은 곤란하다. 물론 장점도 있기는 하지만 이러한 방식은 근본적으로 일제 식민지의 우민통치에 바탕을 두고 있다.

필자가 행정고시를 통과했을 당시 합격자는 시장, 군수, 경찰서장, 세무서장과 비슷한 계급이었다. 사법시험 합격자는 바로 판사, 검사가 되었다. 합격자 중에는 사회 경험을 가진 사람도 있었지만, 대부분은 20대 중반의 사회 초년생들이었다. 이들이 국민의 실생활을 얼마나 알까? 지금은 합격자에 대한 대우(계급)가 많이 달라졌다고 하지만 근간은 그대로이다. 판·검사와 중견 공무원에 대한 사회의 불신도 그 대부분은 여기에 근원이 있다고 생각한다.

2012년 1월말, 모 신문에 로스쿨 제도를 반대하며 '사법시험 제도의 존치'*를 주장하는 사법연수원생들의 광고가 실렸다. 사법시험 제도가 계속 유지되어야 한다는 근거로 든 것은 다음의 네 가지였다. "1. 법조의 질적 저하는 국민의 피해로 돌아옵니다. 2. 사법시험 제도는 공정성과 명확성을 담보할 수 있는 제도입니다. 3. 사법시험 제도는 모든 사람에게 평등하게 기회가 열려 있는 제도입니다. 4. 국민들

---

*정부는 로스쿨 도입에 따라 사법시험을 통한 선발 인원을 감축하여 2012년에는 약 500명, 2013년에는 약 300명을 선발할 예정이고, 2017년까지만 존속한다고 한다.

의 사법에 대한 신뢰는 법조계의 구성원들에 대한 믿음에서 비롯됩니다."

내용을 보니 3번을 제외한 나머지는, 오늘날의 사법부가 왜 국민들로부터 지지를 받지 못하는가를 역설적으로 잘 보여 주는 주장들이었다. 직업 이기주의를 넘어서 국민을 우습게 생각하는 안하무인의 자세 그 자체였다.

1번 주장의 근거로 그들은 "결국 실체적 법률 지식과 실무적 절차를 제대로 체득할 기회를 갖지 못하여 법조 윤리와 법률 지식을 갖추지 못한 법조인들이 배출되어 궁극적으로는 그들로부터 양질의 법률 서비스를 받지 못하는 국민들에게 고스란히 피해가 돌아갑니다"라고 말한다. 누가 법조 윤리가 없는 것인지 잘 모르겠다. 그동안 사법시험 출신자들이 법조 윤리가 높았을까? 일반 국민들이 생각하는 법조윤리와 사법시험 출신자들이 생각하는 법조 윤리가 다른 것 같다는 착각이 든다. 대법관이 법복을 벗자마자 변호사 개업은 물론이고, 특정 정당에 가입하여 특정 후보의 민정수석 역할을 하는 것은 무엇일까?

2번 주장은, "요식 행위에 가까운 변호사 시험을 통과한 사람들 모두에게 법률가의 자격을 부여하는 바, 이는 기존의 사법시험 제도가 가진 공정성과 명확성을 갖추지 못하고 있습니다"라고 되어 있다. 법률 지식의 암기 능력을 테스트하는 것 같은 기존의 사법시험 제도는 공정성과 명확성이 가장 높았던가?

4번 주장은, "일반 국민들이 법원의 판결에 대하여 승복하였던 것은 재판 과정에 참여한 사법시험과 사법연수원 과정을 거친 법조인들의 법률적 자격에 대한 의문을 가지지 않았기 때문입니다. 그러나 앞으로 법적 지식이 미천하고 … 일반 국민들이 이전과 같이 승복을 하고 신뢰를 보낼 수 있을지 의문시됩니다"라고 했다. 일반 국민들이 법원의 판결에 대하여 승복했던 것은 저항할 방법과 하소연할 곳이 없었기 때문임을 정말 모르는 것일까?

사법연수원 졸업생들이 일반 국민들과는 동떨어진 생각을 하는 것에 대해 필자가 이렇게 강력히 비판하는 것은 그들이 사회에 갓 진출할 연수생이라서 그런 것이다. 희망이 없는 기성 법조인들이라면 필자는 아무 말도 하지 않을 것이다. 하지만 3번 주장만큼은 귀 기울여 들어볼 만한 내용이다.

"사법시험 제도는 그 수험 과정에서 비용과 상관없이 오로지 노력과 땀으로 승부하는 제도입니다. 이러한 사법시험 제도를 3년 동안 등록금 및 기타 비용이 1억 원 가까운 비용이 드는 로스쿨 제도로 대체하는 것은 이러한 비용을 감당할 수 없는 서민들의 법조계의 진입을 사실상 막고 이른바 재력 내지 권력을 가진 자들의 부와 권력의 세습화를 낳게 할 우려를 금할 수 없습니다."

로스쿨 제도의 장점도 많다. 그런데 사법시험은 기회 균등의 측면에서 확실히 도움이 되는 제도이다. 사법시험은 완전 폐지보다는 로스쿨 제도를 보완하는 제도로 일부 남겨 두는 것도 좋을 것이다.

그나마 사법시험 제도는 탈바꿈을 하고 있는데 행정고시 제도는 1960~70년 경제개발연대의 골격을 그대로 유지하고 있다. 당시에는 관 주도의 경제개발을 위해 우수 인재를 모으는 일이 중요한 시기였다. 하지만 우리나라는 1980~90년대의 경제성숙 단계를 거치면서 수많은 인재들이 민간 부분으로 모였다. 지금은 민간 분야의 인재가 관

분야의 인재를 압도한다. 행정부의 인재도 민간 분야에서 훈련받고 경험을 쌓은 인재로부터 수혈을 받아야 한다.

행성부의 중견 간부를 민간으로부터 공급받는 것은 사법연수원생들이 로스쿨 제도에 대해 제기했듯이 기회균등 문제를 야기할 수도 있다. 하지만 언제까지나 공무원들을 잔물결 하나 없이 고인 물에서 편히 숨만 쉬게 할 수는 없는 노릇이다. 공무원은 공무원대로 선진국의 공무원과 경쟁해야 한다. 국가가 발전하려면 기업가와 노동자만이 아니라 공무원들도 보이지 않게 경쟁을 해야 한다. 공무원이 경쟁에 뒤처지면 국가 전체의 경쟁력이 낮아진다. 기회균등의 문제 등 부작용을 최소화하면서 공무원 사회라는 고인 물을 흐르는 물로 바꾸어야 한다.

지금의 행정고시는 소수의 인원을 행정자치부에서 선발하고 각 부처의 중견 간부로 배분하여 임용하는 채용시험 방식이다. 그러다 보니 기수에 얽매인 연공서열 관행, 동사무소 직원에서 청와대 직원까지 동일한 체계로 묶어 놓은 구시대적 직급과 연봉의 획일성, 참신하고 유능한 인재들에게 잡일이나 시키는 수직적 조직문화 등 경쟁과 도태가 없이 그저 늙어 가는 조직이 되어 있다. 한마디로 일본 식민지 시대에 형성된 공직 제도의 틀을 크게 벗어나지 못하고 있다.

이제는 이러한 제도와 문화 속에 숨어서 무사안일하게 살아가는 공직자가 발붙이기 힘든 시대가 되도록 해주어야 한다. 시대에 맞게 각 부처가 민간에서 경쟁력이 확인된 사람을 자율적으로 뽑도록 해주어야 한다. 실력이 부족한 사람이 채용되는 것을 방지하기 위해 자격시험으로 바꾸되, 정원을 현재의 10배 정도로 늘리는 것도 하나의 방법이다. 자격시험에 합격한 후 민간 분야에서 훈련받으며 일하고 있는 사람 가운데 필요한 사람을 각 부처별로 채용하면 된다.

사법시험이나 행정고시에 합격한 이후 "도태되는 과정 없이 끼리 끼리 뭉치면서 국민들과 상관없는 '내부 정치'에 바쁜 것"이 한국 법조계와 관료계의 핵심 문제임을 인식해야 한다. 여기서 말하는 '내부 정치'란 특정 지역 출신이 지배하는 현상을 포함하는 말이다. 우리 사회를 특정 패밀리가 지배하면 국가의 미래가 없듯이, 공직을 특정 지역 출신이 지배하면 국가의 미래가 없다. 따라서 공직 사회에서 내부 경쟁을 일으키는 것, 나아가 관료들과 경쟁 상대가 될 수 있는 민간 시민단체와 정치권 엘리트들을 양성하는 것은 매우 필요한 조치라할 수 있다. 경제만 개방(open economy)해야 하는 것이 아니라 정부도 개방(open government)해야 한다.

13

차라리 총기 소유를
허용한다면?

〈폴링 다운〉과 사회적 자본

영화 〈폴링 다운Falling Down〉은 한때 우리나라에서 개봉이 금지되었었다. 작은 상점을 운영하는, 영화 속 한국인 캐릭터에 대한 묘사 때문이다. 그는 미국인을 등쳐먹는 야박한 이민자로 묘사되었다. 영화의 전체적 맥락을 보면 특별히 한국인을 비하하는 내용은 아니지만 어쨌든 당시에는 그런 오해를 받았다. 마이클 더글라스가 연기하는 이 영화의 주인공 윌리엄 포스터는 성실하고 평범한 한 가정의 가장이다. 그런데 직장에서 해고되고 아내와 이혼을 하게 되면서 원래의 편집광적인 성격이 점점 더 포악해지기 시작한다. 급기야 법원으로부터 아내와 딸에 대한 접근금지령까지 받게 된다.

영화는 딸의 생일 파티가 열리는 곳으로 차를 몰고 가는 윌리엄의 모습에서 시작된다. 그런데 도로공사 때문에 차는 막히고, 날씨는 후덥지근한데 에어컨까지 고장 나 그의 짜증이 극에 달한다. 결국 그는 차를 버리고는 걸어서 딸이 있는 전처의 집으로 간다. 이후의 영화는 그 과정에서 그가 맞닥뜨리게 되는 여러 가지 부조리한 상황들을 보

어떤 경제가 우리를 행복하게 하는가

여 준다. 인종간의 갈등, 소비자와 판매자와의 갈등, 가족 간의 갈등, 부자와 가난한 자의 갈등 등 사회에 만연한 불신풍조를 풍자하는 영화이다.

여러 가지 일들을 겪으며 난폭해진 주인공이 도로공사를 하는 인부에게 시비를 건다. 왜 멀쩡한 도로를 뒤집어엎느냐는 것이다. 인부가 만족스러운 답을 주지 않자 홧김에 바주카 포를 도로에 쏴 버린다. 상황이 과장되긴 했지만 한편으로는 이해가 간다. 요즘처럼 신뢰가 무너지고 불신이 만연한 사회분위기 속에서는 무슨 일인들 터지지 않겠는가? 실제로 사소한 일 때문에 폭력 사건이 벌어지기도 하고 또 우발적 살인 사건도 갈수록 빈번해지고 있는 상황이다.

신뢰가 무너진 사회, 신뢰를 지키는 사회

신뢰가 무너진 사회에선 우리 같은 멀쩡한 사람도 한순간에 괴물로 바뀔 수 있다. 독일의 프랑크푸르트 암마인 시에 니더에를렌바흐라는 곳이 있다. 얼마 전 이 지역에서는 도로 상에 있는 모든 교통 규제 표지를 제거했는데 인도까지도 들어내면서 차도와 인도의 경계를 허물었다고 한다. 그래서 모든 표지판이 없어지고 '공유도로'라는 표지판 하나만 서 있는데, 이는 모든 차량과 보행자가 도로를 공유한다는 뜻이다. 그리고 제한 속도는 시속 30km로 명시되었다.[*]

인구가 5000명밖에 되지 않는 조그마한 지역이라 이러한 실험적 제

---

[*] 《크리스천 사이언스 모니터》(2010.4.1.). 이 제도는 2010년 2월부터 시행되었다고 한다.

도가 가능했을 것이다. 사실 몇 년 전까지만 해도 제주도에 가면 신호등이 없는 교차로가 많았다. 외지인이나 관광객의 입장에서 보면 불편하기 짝이 없을 수도 있었을 것이다. 그러나 서로가 조심하면서 순서대로 교행하면 오히려 교통사고가 나지 않는다고 제주도의 관계자는 설명했다. 왜 신호등이 없어도, 각종 표지판이 없어도 안전통행이 가능할까? 바로 규율, 신뢰, 협력 덕분이다. 상대방이 '규율'을 지킬 것을 '신뢰'할 때 서로의 '협력'이 가능해지는 것이다.

최근 통계청이 조사한 자료에 의하면 우리 국민들 가운데 64%는 자신이 법을 잘 지킨다고 생각하는 반면, 다른 사람들의 경우는 28% 정도만이 법을 지킨다고 생각하는 것으로 나타났다. 이 수치를 보면 우리 사회는 타인에 대한 신뢰가 낮은 상태라고 말할 수 있겠다. 자신은 정직하게 살지만 남들은 그렇지 않다고 믿는 사람이 많은 것이다.

"이틀 전까지만 해도 멀쩡한 길이었다고. 그런데 이틀 만에 갑자기 길이 갈라지기라도 했단 말이오?"

사회적 신뢰가 무너진 곳에서 흔히 볼 수 있는 일은 사소한 다툼이다. 그리고 감정을 조절하지 못하는 개인들이 늘어난 사회에서 사소한 다툼은 자칫 강력범죄로 이어질 수 있다. 영화 〈폴링 다운〉은 사회적 신뢰가 무너진 사회의 일면을 잘 보여 준다.

어떤 경제가 우리를 행복하게 하는가

결국 '법을 지키면 손해'라고 생각하는 사람들이 많아지고, 이는 자신의 탈법을 정당화하는 근거로 작용한다.

얼마 전 어느 민간 경제연구소에서 주요 국제기구가 측정한 여러 가지 지표들을 종합적으로 정리하여 발표한 적이 있었다. 그 결과에 따르면 우리나라의 사회 시스템은 OECD 30개국 가운데 19위를 차지하는 것으로 나타났다. 최근의 상황만 보더라도 우리 사회는 입장 차이로 인한 집단 간의 대립이 일상화되어 있다. 제주 해군기지를 둘러싸고 벌어진 경찰과 시민단체의 대립은 우리 사회에 문제 해결 능력이 부재하다는 사실을 단적으로 보여 주고 있다. 방사성 폐기물 처리장을 놓고 벌어진 전북 부안에서의 격렬한 대립, 미군기지 이전을 둘러싼 대립, 한미 FTA와 관련된 대립 등 사회적 자본의 취약성을 보여 주는 사례는 수도 없이 많다. 이처럼 갈등과 불신에 의해 초래되는 사회적 비용은 실로 엄청나다.

몇 해 전 삼성경제연구소에서는 우리의 갈등관리 시스템을 보다 업그레이드할 필요가 있다는 점을 강조하는 연구보고서*를 발표했다. 이 연구는 한 사회의 갈등 수준이 구조적 갈등 요인과 갈등관리 시스템의 효과성 등 주로 두 가지 요인으로 결정된다고 보고 각 국가의 사회갈등지수**를 산정했다. 한국의 경우는 0.71로 27개 OECD 회원국 가운데 네 번째로 갈등이 심한 국가로 나타났다. 회원국들 평균이 0.44였으니 상당히 높은 수치이다. 또한 세계은행의 정부효과성지

---

* 〈한국의 사회갈등과 경제적 비용〉 삼성경제연구소 2009.6.24.
** 이 보고서는 사회갈등지수= 소득불균형지니계수÷(민주주의 지수 +정부효과성 지수)/2로 산정하고 있다.

수*의 경우는 우리나라가 1.26으로 OECD 평균치 1.43에 비해 낮은 수준에 머물고 있는 것으로 나타났다.

이 결과들을 요약하자면 우리나라의 경우 갈등 수준은 상대적으로 높은데, 여기에다 정책의 일관성 부족, 정부 조정 능력 미흡, 신뢰도 저하 등으로 인해 정부가 갈등 관리를 효과적으로 하지 못하고 있다는 결론이 나온다. 이와 관련하여 지난 2003년에는 IMF에서 1인당 국민소득과 그 나라의 경제·사회 시스템 성숙도 간의 상관관계를 조사한 적이 있었는데 그 결과가 우리에게 시사하는 바가 크다. 조사 결과에 따르면 경제·사회 시스템의 성숙도가 높을수록 선진국이었으며, 후진국으로 갈수록 시스템의 성숙도는 낮았다. 우리나라의 경우 국민소득 수준에 비해 시스템 성숙도가 낮은 것으로 나타났다.

우리나라가 선진국에 진입하기 위해서 필요한 분야 가운데 가장 낙후된 분야가 바로 경제·사회 시스템의 성숙도일 것이다. 1년에도 몇 차례씩 쟁점 사안에 대한 국론 분열이 생기고, 이해집단들이 극단적으로 대립하는 사회는 선진국으로 진입하기 어렵다. 이제는 합리적 대화를 통해 문제를 해결하고, 그래도 문제 해결이 어려울 때에는 법과 절차에 승복하는 문화가 뿌리내려야 한다.

한 나라의 경제 성장을 설명할 때 우리는 보통 노동·자본·기술이라는 전통적인 세 가지 경제 성장 요소를 고려한다. 그런데 최근 들어 학자들은 이 세 가지가 동일하다 해도 국가별로 성장률에 차이를

---

* 정부효과성지수는 정책을 결정하고 집행하는 정부의 능력을 측정하는 지표로서 세계은행이 1996년부터 정책의 효과성, 정부 업무수행능력, 규제의 비효율성 등 19개 세부항목에 대해 조사하여 발표하고 있다.

나타낸다는 사실에 주목했다. 즉 노동·자본·기술의 세 가지 요소가 모두 동일함에도 불구하고 성장률이 높은 나라와 낮은 나라로 구분되는 것이다. 학자들은 이 세 가지 요소로는 설명되지 않는 성장의 요인이 있는 것으로 추정하고 있으며, 이를 '사회적 자본'으로 부르고 있다. '사회적 자본'과 관련한 개념은 로버트 푸트남 Robert D. Putnam 이 이탈리아 지방정부의 영역에서 25년 동안 이루어진 제도 개혁의 사례를 분석한 데서 비롯되었다.

2002년 월드컵에서 확인된 사회적 자본

KDI 국제정책대학원의 김태종 교수는 "협력을 촉진하는 무형의 자산 일체를 사회적 자본이라 하며 네트워크, 규범, 제도, 신뢰 등의 요소로 구성된다"고 이해하고 있다. 그러면서 이 구성 요소들 가운데 '신뢰'가 가장 중요하다고 말한다. 그는 사회적 자본이 형성되는 동기를 규범과 신뢰라고 설명한다.

우리 사회에서 사회적 신뢰의 수준은 그다지 높지 않은 것으로 알려져 있다. 프랜시스 후쿠야마는 널리 읽힌 그의 저서 《트러스트 Trust》에서 한국을 "저低 신뢰사회"로 규정한 바 있다. 그것과 관계없이 우리는 일상생활에서 흔히 타인에 대한 불신을 경험하고 산다. 어떤 연구에 따르면 대부분의 타인을 신뢰한다고 응답하는 사람의 비율이 10%씩 저하될 때마다 경제 성장률은 0.8% 가량씩 낮아진다고 한다.(Knack and Keefer 1997) 이것이 사실이라면 우리나라의 사회적 신뢰가 어느 수준에 있고 어떤 추이를 보이고 있는지가 매우 중요한 정책적 관심사가 되지 않을 수 없다.

사회적 자본은 과학기술로는 설명되지 않는, 그 나라의 효율성을 의미한다. 앞에서 본 바와 같이 다수의 학자들은 사회구성원들 간의 신뢰와 협력, 경제·사회 제도의 효율성, 사회 내부에 존재하는 다양한 네트워크의 효율성 등을 여기에 포함시키고 있다. 결국 '사회적 자본'이란 우리 사회 시스템 전반의 질적 수준을 의미한다. 사회 시스템의 질이 높을수록 구성원들 간의 생산적인 상호관계기 촉진되며 상호 학습과정도 원활해진다. 이 과정에서 자발적 혁신도 일어나 보다 높은 성장을 달성할 수 있게 된다.

시민단체나 구호단체의 구성도 자발적 혁신의 일종으로 볼 수 있다. 그런 단체들은 정부의 손길이 미치지 않는 지역사회의 복지 문제를 해결하는 데 많은 역할을 할 수 있을 것이다. 또 사회적 자본은 상호간의 높은 신뢰를 바탕으로, 사회적 갈등을 물리적 충돌이 아닌 대화와 타협으로 해결하는 기반을 제공한다.

사회적 자본이 형성되는 것은 쉽지 않다. 그러나 일단 형성되고 나면 장기간 지속될 뿐 아니라 '수확체증의 법칙'이 적용된다. 전통적인 경제 성장 요소인 인적 자본은 일정 시점이 지나면 투입량 자체가 더 이상 늘어날 수 없다. 이미 고령화·저출산 추세가 시작된 우리나라에서도 인적 자본의 투입을 늘리는 데에는 한계가 있다. 물적 자본의 경우 계속 투입은 가능하지만 일정 시점이 지나면 투입량을 늘려도 그 성과가 더 이상 늘어나지 않는 '수확체감의 법칙'이 적용된다. 그러나 사회적 자본은 다르다. 구성원 간의 신뢰와 그 사회의 탄탄한 규범은 한번 형성되면 그 효과가 장기간 지속된다. 신뢰와 효율성은 쌓

이면 쌓일수록 엄청난 힘을 발휘한다.

2002년 월드컵 당시 거리응원에서 보여 준 우리 시민들의 행동은 새로운 사회적 자본과 관련하여 가능성을 보여 주었다고 생각한다. 선진국인 유럽의 경우도 축구 경기가 열릴 때면 훌리건들의 난동 때문에 골치를 앓고 있다. 경기의 승패와 관계없이 벌어지는 상대방에 대한 폭력, 불특정 다수를 향한 적대 행위는 유럽 국민들이 과연 선진적인 시민의식을 갖고 있는지 의심을 갖게 한다.

그런데 당시의 우리 시민들은 전혀 다른 모습을 보여 주었다. 거리응원에 참가한 시민들은 끝까지 질서를 지키면서 승패를 떠나 아름다운 축제의 장을 만들었다. 또 거리응원이 끝난 뒤 시민들은 자발적으로 거리를 청소하여 해외 언론의 주목을 받았다. 절제된 시민의식과 서로에 대한 신뢰가 없었다면 이러한 행위는 불가능했을 것이다. 이것 또한 우리가 지금까지 축적 해온 사회적 자본이 은연중에 발현된 것이라 생각한다.

마지막으로 사회적 자본에는 또 하나의 중요한 특성이 있다. 국가 간 이동성과 대체성이 낮다는 점이다. 지금은 경제 성장의 모든 요소들이 국경을 넘어 다니는 세상이다. 하지만 사회적 자본만큼은 국경을 넘으면 위력을 상실한다. 저임금을 찾아 중국과 베트남으로 떠난 우리 기업들이 호소하는 가장 큰 어려움은 문화적인 차이이다. 노동자와 사용자 간의 문화가 다르고, 언어와 법 체계가 다르다. 서로 다른 문화 속에서 일한다는 부담이 생산성을 떨어뜨리기도 한다.

〈폴링 다운〉에 한국인이 등장하게 된 이유

영화 〈폴링 다운〉에서 한국인 상점이 나오는 장면을 다시 한번 보자. 주인공 윌리엄은 공중전화를 사용하기 위해 동전을 바꾸러 상점에 들어간다. 그러나 한국인 주인은 물건을 사지 않으면 잔돈을 바꿔 줄 수 없다며 거절한다. 윌리엄은 하는 수 없이 캔 콜라 하나를 들고 와 1달러 지폐를 건네며 얼마냐고 묻는다. 주인은 85센트라고 대답한다. 공중전화를 사용하려면 25센트가 필요한 상황이고, 당시 미국에서는 50센트를 주면 일반적인 캔 콜라를 살 수 있었다. 윌리엄은 당연히 화를 낸다. 그리고는 "미국이 가난한 한국에 얼마나 많은 물적 지원을 했는데 니들이 이런 식으로 하냐?"며 주인에게 따진다.

당혹스러운 논리이다. 영화 속에서도 주인이 막상 "그래서 한국에 얼마나 지원을 했는데?"라고 묻자 윌리엄은 선뜻 대답을 못한다. 사실 이 장면이 의미하는 것은 서로 다른 두 문화에 대한 선입관의 충돌이다. 미국인들은 아시아권의 이민자들이 돈만 알고 영어를 잘 못하며 자신들끼리만 뭉친다는 선입관을 가지고 있다. 재미교포들 역시 미국인들이 은근히 자신과 같은 아시아인들을 무시하며 동등하게 대접해 주지 않을 것이라는 선입관을 가지고 있다. 한국에서 건너간 이민자들의 역사가 상당히 오래되었고 이젠 교포 4세대까지 등장하고 있지만 여전히 두 문화는 융합되지 못하고 있음을 증명하는 것이다.

이 영화에 한국인이 등장하는 이유 가운데 하나는 1991년에 미국 전역을 떠들썩하게 만들었던 '로드니 킹 사건'이다. 이 사건은 '폴링 다운'이 탄생하게 된 '간접적'인 배경이기도 하다. 당시 로스앤젤레스의 210번 고속도로를 과속으로 운전하던 킹은 '멈추라'는 교통경찰의 말을 무시하고 도주하다 결국 붙잡혔다. 경찰은 저항하는 킹을 거칠게 다루었고 무자비한 폭행을 가해 검거했다. 그런데 근처에 살던 조지 홀리데이라는 사람이 우연히 이 장면을 비디오로 찍었는데 얼마 지나지 않아 대중들에게 공개되었다.

당시 로스앤젤레스의 흑인 사회에서는 경찰의 인종차별적인 행위가 한창 논란이 되고 있었다. 그런데 이 테이프가 공개되면서 그들의 분노가 폭발 일보 직전까지 치솟았다. 설상가상으로 로드니 킹의 재판에 백인 배심원들이 주로 배정되고, 폭행에 가담한 백인 경찰들에게 무죄 또는 재판 미결이 선언되자 마침내 흑인들의 인내심이 선을 넘어 버렸다.

1992년 4월 29일, 훗날 'LA 폭동'으로 불리게 되는 흑인들의 폭동이 로스앤젤레스를 강타했다. 미국 정부는 당황했고 시민들은 공포에 떨었다. 이 폭동으로 무려 53명이 사망하고 10억 달러의 재산 피해가 발생했다. 당시 흑인들은 이상하게도 한인 커뮤니티를 집중 공격했다. 평소에 흑인들이 한인들에 대해 좋지 않은 감정을 가지고 있었기 때문이다. 백인도 아니면서 흑인들을 무시하고, 또 미국 사회에 살면서 자신들끼리 똘똘 뭉쳐 흑인들의 상권을 침범하는 것에 대해 반감을 가지고 있었던 것이다. 당시 한인들은 스스로를 지키기 위해 총기를 구입하고 자경단을 조직하기도 했다. 한마디로 전쟁이나 다름없는 상황이 벌어진 것이다.

이후 각계각층의 지도자들이 나서서 화해 분위기를 조성하는 등 다양한 노력으로 사태는 진정되었다. 그러나 상처 자체를 완벽하게 감출 수는 없었다. 흑인 사회와 미국 주류 사회, 그리고 한인 사회 모두

커다란 상처를 안게 되었다. 이를 계기로 서로가 서로를 불신하는, 미국의 다민족 사회를 풍자하는 〈폴링 다운〉 같은 영화들이 많이 만들어졌다. 지금 우리나라에서 〈부러진 화살〉 같은 영화들이 속속 제작되고 있는 것과 같은 현상이다. 영화란 언제나 당대의 현실을 가장 잘 반영하는 좋은 도구이기 때문이다.

이제 우리나라도 국내 거주 외국인 120만 명 시대에 접어들었다. 특히 이주 노동자들이 이 가운데 절반을 차지하고 있다. 이들에 대한 사회의 시선은 그다지 좋지 않다. 이미 여러 가지 사회적 문제가 야기되고 있다. 우리가 서둘러 사회구성원 간에 신뢰를 회복하고 사회적 자본을 확충해야 하는 이유이다.

"미국인이 아니라서 너무나 행복하겠다"

미국은 나름대로 사회적 자본이 잘 축적된 선진국이지만 의외로 이런 유형의 갈등이 많다. 어떤 측면에서는 그러한 사실 자체가 사회적 자본의 특수성을 말해 주는 것이 아닌가 싶다. 미국은 대표적인 다민족 국가이다. 지금은 흑인이 대통령으로 선출되었지만 아무리 한 국가라는 틀 안에 모여 있어도 다민족 간에 신뢰가 형성된다는 것은 그리 쉬운 일이 아니라는 의미이다.

필자가 미국에서 겪었던 일이다. 1988년 6월에 유학 생활을 마치고 귀국하는 길에 미국을 좀 더 알고 싶은 마음에 애리조나 주에 있는 나바호 족 인디언 보호구역으로 여행을 떠났다. 지금 생각하면 조금 무모한 여행이었다. 아무런 안내자도 없이, 아내와 어린 두 아들과

어떤 경제가 우리를 행복하게 하는가

함께 렌터카를 몰고 사막 지역을 종주했다. 가도 가도 마주 오는 자동차 한 대를 구경하기 어려운, 적막하면서도 황량한 지역이었다. 도중에 잠시 휴식을 취하기 위해 자동차에서 내리자, 열사熱砂의 더운 공기에 순간적으로 숨이 막혔다. 그런 길가에서 홀로 목걸이 등 액세서리를 팔고 있는 젊은 인디언* 여성을 만났다. 터키석으로 보이는 푸른색 돌들로 만든 기념품들이었다.

행색이 초라해 보이는 그 여성과 여러 가지 이야기를 나누었다. 그녀가 "어디에서 왔느냐?"고 묻기에 한국에서 왔는데 공부를 마치고 귀국 길에 여행 중이라고 대답했다. 그녀는 "미국인이 아니라서 너무나 행복하겠다"는 말을 했다. 의외의 말이었다. 25년 전이었다. 당시의 미국과 비교해 보면 한국은 아직 군사정권의 잔재가 진하게 남아 있고 민주화도 완성되지 못한 나라였다. 세계 최강의 대국으로 불리는 미국이었고, 아직 개발도상국에서 벗어나지 못하고 있는 한국이었다.

그런데 이 좋은 미국에서, '미국인이 아니라서, 미국에서 살지 않아서 행복하겠다'고 그녀는 말하고 있는 것이었다. 그녀는 인디언 보호구역에 거주하지 않고 있었다. 할아버지, 증조할아버지가 목숨을 걸고 싸웠는데, 자신의 어른들을 죽인 사람들이 제공하는 보호구역에서는 살 수 없다고 말했다. 보호구역에 들어가지 않으면 전기와 물을 공급해 주지 않는다는 말을 덧붙였다. 지나가면서 보니 보호구역에서 벗어나 있는 인디언들의 주택은 사람이 산다고는 할 수 없는, 움막 같은 집이었다. 결국 그 당시로서는 거금에 해당하는 200달러를 주고,

---

* 경멸의 의미가 있는 단어이기 때문에 요즘은 '아메리카 원주민Native American'이라고 부른다.

아내의 팔찌와 반지 그리고 인디언 풍의 남자용 목걸이를 샀다. 동정심이 작용하기도 했겠지만 아름답게 잘 만들어진 기념품이었다.

미국은 다양한 얼굴을 가진 나라이다. 필자는 그때 인디언 여성을 만나 이야기를 들으면서 비로소 미국의 유명배우인 제인 폰다가 인디언 인권운동을 벌이고 있는 이유를 조금은 이해할 수 있었다. 우리나라에서는 별로 관심을 끌지 못했지만, 제인 폰다는 시애틀에 있는 미군 부대의 땅을 도시 인디언들에게 돌려주는 운동에도 참가했다.*

재벌과 부자의 감세가 4년간 84조 원

지금까지 이야기했듯이, 우리나라의 경우 사회적 신뢰의 수준이 그다지 높지 않다. 게다가 시간이 갈수록 오히려 저하하고 있으며, 그 속도도 다른 나라에 비해 빠른 것으로 나타나고 있다.** 특히 1950~1960년대에 출생한 세대가 상대적으로 빠르게 사회적 신뢰의 하락을 나타내고 있다. 이러한 경향은 남자에게 더 두드러지고 있다. 10%의 신뢰도 하락이 0.8%의 성장률 하락을 가져온다는, 낵Knack과 키퍼Keefer의 말이 우리나라에서도 사실이 된다면 대단히 우려스런

---

* 제인 폰다는 베르니 화이트베어Bernie Whitebear가 주도하는 운동에 참여했다. 그들은 당시 미군 여유 부지를 공원화하는 계획에 맞서서, "원래 인디언들의 땅인 미군 부지는 인디언들이 일부를 사용할 권리가 있다"고 주장했다. 그들의 시도는 성공하여 시립공원the city's Discovery Park안에 문화센터(the Daybreak Star Cultural Center)가 세워졌다.
** KDI 김태종 교수는 세계가치조사World Values Survey의 사회신뢰 조사 결과를 인용해 우리나라의 사회적 신뢰도가 1982년 36%에서 2001년 27%로 9%p 하락했으며 국제적으로 비교할 때 상당히 큰 편이라고 지적하였다.

현상이 아닐 수 없다.

기획예산처 장관 시절에 〈비전 2030〉이라는 장기 비전 및 정책 보고서의 작성 작업을 진두지휘한 적이 있다. 2030년을 염두에 두고 국정의 모든 분야에 걸쳐 반드시 준비하고 실행해야 할 비전과 정책 과제들을 종합적으로 추진하기 위한 보고서라 할 수 있다. 내용이 광범위하고 복잡하지만 두 가지로 압축한다면, '선제적 복지투자'와 '사회적 자본 확충'을 들 수 있을 것이다. 구체적으로는 '사회적 자본 확충'을 2030 비전의 실현을 위한 5대 전략의 하나로 설정하면서 8개 정책 과제를 제시했다.

그러나 우리 사회에서 신뢰가 형성되고 있는 정도를 보면 아직 요원한 것이 사실이다. 최근 우리의 사회적 자본 수준 때문에 막대한 사회적 비용을 지불해야 했던 몇 가지 사례를 보면 더욱 명확해진다. 지난 2009년 미국 소고기의 수입을 반대하는 촛불시위는 현 정부에 대한 불신과 함께, 취약한 사회적 자본에서 비롯된 막대한 손실이다. 또 반칙과 편법이 거미줄처럼 얽힌 것으로 드러난 최근의 저축은행 사태 등을 보면서 앞으로 우리 사회가 가야할 길이 멀다는 생각에 씁쓸함을 감출 수 없었다.

〈폴링 다운〉의 주인공은 사실 성격적으로 문제가 있는 사람이다. 편집증적인 면도 있고 흥분도 잘한다. 경직된 사고로 아내와 딸에게 스트레스를 안겨주는 사람이다. 그런데 최근 우리 사회의 분위기를 보면 멀쩡한 사람이 대포를 쏘고 싶은 충동을 느끼기에 충분하다는 생각이 들 정도이다.

우리 사회에서 신뢰의 위기는 무엇 때문에 발생한 것일까? 단순하게 말하면, 이른바 리더들의 부정행위를 오랜 기간에 걸쳐 경험한 사회구성원들이 이 때문에 사회 전반에 대해 불신을 가지게 되었기 때문이라 할 수 있다. 특히 한국 사회의 리더들 가운데 가장 믿을 수 없는 집단은 '정치인'이다. 정치인은 한 사회의 제도와 법을 만들면서 민심을 대변하는 역할을 하는 사람들이다. 그런 정치인들에 대한 신뢰가 낮다는 것은 그 사회로서는 치명적인 약점이 될 수밖에 없다. 이들 리더들에 대한 불신이 전체 사회에 대한 불신으로 이어지기 때문이다.

정치인들뿐만 아니라 기업의 리더들도 문제이다. 지난 2001년 1월 무렵 미국의 조지 부시 대통령이 상속세를 폐지하려 했을 당시 '책임 있는 부자들' 소속인 120여 명의 갑부들이 상속세 폐지 반대 운동을 대대적으로 전개한 일이 있었다. 당시 그들은 '상속세를 없애면 가난한 사람들의 희생을 바탕으로 갑부들의 자녀만 살찌게 될 것'이라고 주장했다. 미국에서조차 사회의 통합을 위해 부자들이 솔선수범하는데 우리나라는 아예 정부 차원에서 부자들의 세금을 깎아주려고 노력한다. 이명박 정부에 들어와서 재벌과 부자의 감세로 줄어든 세금이 4년간 무려 84조 원이라고 한다.

사회적 자본을 형성하는 데에는 정부의 노력보다 사회 지도층의 솔선수범이 큰 영향을 미친다. 아우구스투스 황제(BC 27~AD 14)는 로마시대에 조세제도의 기초를 마련한 것으로 잘 알려져 있다. 그가 제정한 세법이 200여 년 동안 유지될 수 있었던 이유 가운데 하나는 지도층의 노블리스 오블리제Noblesse Oblige가 부족한 재정을 보충했던 데에 있다. 당시에는 누진세가 존재하지 않았기 때문에 귀족들은 간접세 이외에는 세금을 거의 내지 않았다. 이를 보완하기 위해 로마 사회는 고귀한 신분을 가진 자의 책임과 도덕적 의무를 중시했다. 시민들 역시 사재로 공공 시설을 지어 기증하는 것을 혜택 받은 자의 책무로 여겼다. 귀족들은 국고로 건설해야 할 도서관, 다리, 도로, 원형 경기장, 공회당, 공중목욕탕 등의 공공 시설을 개인 재산을 털어 건립하여 국가에 기증했다. 그 대가는 기증자의 가문 이름을 건물에 새겨 넣을 수 있는 명예뿐이었다.

우리나라에서는 수십 년째 지도층에 대한 도덕성 시비가 끊이지 않고 있다. 불명예 퇴진한 대통령들, 지도층의 병역비리, 재벌과 고소득층의 땅 투기와 탈세 의혹 등이 신문을 장식하고 있다. 서구 사회가 그랬듯이 우리가 성숙한 사회로 가는 길은 멀고 험난할 것이다. 하지만 조금씩 나은 방향으로 걸어가고 있으며, 머지않아 성숙한 시민사회를 이룰 수 있을 것이다. 선진국들도 오랜 역사를 통해 도덕적 규범과 관용의 전통을 수립해 왔음을 감안해야 할 것이다.

오랜 기간 계속된 고도성장의 달콤함에 취해 너무 일찍 샴페인을 터뜨렸던 한국 경제는 1997년 위기를 겪는 중에도, '곧 다시 괜찮아지겠지'라는 식으로 안이한 판단 또는 기대를 하는 사회 분위기에 젖어 있었다. 정치인들과 정책 당국자들은 쏟아지는 비난 여론 속에서 현실과 타협하는 단기 처방에 급급할 수밖에 없었다. 하루 빨리 성과를 보여 주기 위해서 위기의 해결보다는 종결이 더 우선시되었다.

그 결과 지금의 우리나라는 규모로는 12번째의 경제대국이지만 근본적인 체질 개선이 이루어지지 않은 채 끊임없는 위기에 내몰리고 있다. 마치 응급실과 중환자실을 오가고 있는 모습이다. 이로 인해 국가 재정이 소모되는 한편 국민들의 삶은 점차 파탄에 빠지면서 희망을 잃어가고 있다. 삶이 나아지기는커녕 이전보다 더 먹고살기가 어려워지고 있는 것이다. 이제 그동안 쌓인 불만이 분노로 바뀌면서 사회 곳곳에서 다양한 현상으로 표출되고 있다. 희망이 사라진 사회는 죽은 것이나 다름없다.

차라리 총기 소유를 허용한다면?

미국은 총기 소유가 자유로운 나라이다. 또한 민병대의 조직도 자유롭다.* 자위를 위한 무장권리가 헌법으로 보장되어 있기 때문이다. 건국 초기부터 서부개척시대에 이르기까지 미국인들은 자신의 보호를 일차적으로 자신이 해결해야 했다. 이러한 무법시대에 가장 중요한 자기방어 수단이 총기였다. 지금도 미국에서는 총기 소지가 운전면허를 취득하는 일보다 쉽다. 주州마다 차이가 있지만, 대체로 21세 이상의 성인이 5~15일 정도 소요되는 심사를 통과하면 곧바로 소지허가가 나온다고 한다.

사정이 이렇다 보니, 미국에서는 100명당 약 90정의 총기가 있고 전체 가구의 40~45%가 1정 이상의 총기를 보유하고 있다. 미국은 총기 관련 범죄율이 세계에서 가장 높은 나라 가운데 하나이다.** 하지만 많은 미국인들은 총기 소유가 살인, 강간, 절도 등의 범죄를 야기하긴 하지만, 그보다 훨씬 더 많은 범죄를 방지해 준다고 생각한다.*** '묻지마 살인' 역시 자신의 목숨을 걸어야 하기 때문에 함부로 자행하기 어렵다고 본다.

필자는 총기 소유 이슈를 단순히 범죄가 증가하는가, 아니면 감소하는가의 문제로 한정하고 싶지는 않다. 이러한 총기문화가 미국 사회의 상호신뢰와 규칙 준수에 일정 부분 기여해 왔다고 볼 수도 있다. 자신을 방어할 확실한 무기를 가지고 있는 상황에서는 상대가 자신을 함부로 대할 수 없기 때문이다. 상대방의 총기 소유 여부를 모르는 상황에서는 일단 상대방을 조심스럽게 대해야 한다. 신뢰에 어긋나는 행동이나 공동의 규칙을 위반하는 행위를 하는 데 신중할 수밖에 없다. 이처럼 총기 소유의 허용이 사회적 신뢰와 규칙을 형성하는 데 기여하지는 않았을까? 나아가 지금처럼 높은 사회적 자본의 수준을 유지하는 데에도 기여하고 있는 것이 아닐까? 미국의 사회적 신뢰도가 높은 것은 상대에 대한 신뢰와 규칙이 잘 확립되어 있는 사회구조와 사회인식에 크게 기인한다는 생각이다.

사실 적지 않은 선진국에서는 대체로 총기 소유가 허용되어 있다. 스위스의 경우 인구 100명당 45.7정의 총기가 있으며, 무기를 구매하는 데 거의 제한이 없다. 심지어 정부는 잉여 무기를 시민에게 판매하기도 한다. 2001년 기준으로 스위스의 가정에는 약 60만 정의 자동소총과 50만 정의 소총이 있다고 한다. 하지만 총기 관련 사고율이 너

---

* 오바마가 대통령이 최초의 흑인 대통령으로 당선한 후 극우 성향의 민병대를 중심으로 그 숫자가 급증하여 연방정부를 긴장시키고 있다고 한다.
** 미국의 총기류 범람은 각종 이권과 정치적 이해관계로 얽힌 전국총기협회(NRA)의 막강한 로비력 탓이기도 하다. 128년 역사에 350만여 명의 회원을 거느린 NRA는 정계에 가장 많은 정치헌금을 퍼붓는 막강한 이익단체이다.
*** John R. Lott, Jr & Whitley, YALE LAW SCHOOL Program for Studies in Law, Economics, and Public Policy Working Paper # 237

무 낮아 관련 통계조차 나오지 않는다고 한다. 핀란드도 인구 100명 당 45.3정의 총기가 있는 나라이다. 이 나라에서는 15세가 되면 총기를 살 수 있다. 주로 사냥을 위해 총을 구매한다. 스웨덴 역시 100명 당 31.6정의 총기를 소유하고 있으며 총기가 상대적으로 많은 것으로 알려져 있다.

물론 우리나라에서도 총기 소유를 허용하자고 주장하는 것은 아니다. 그것은 무척 위험한 주장일 수도 있다. 답답함을 거꾸로 표현한 것에 불과하다. 만일 우리나라에서 총기 소유를 허용하려면 우선 법 하나를 반드시 뜯어고쳐야 한다. 우리나라의 경우 성범죄 등을 저질러도 술에 취해 있었다고 하면 '심신미약'이라는 이유로 감형을 한다. 가뜩이나 술 때문에 사고가 많은 나라에서 조건 없는 총기 소지를 허용했다고 상상해 보자. 술에 취한 상태에서 말다툼이라도 벌어지면

"담벼락마다 철조망을 달아놓아 나 같이 평범한 사람들이 다치는 것을 보고 즐거워하는 게 당신 같은 부자들이 원하는 거요?"

현대 사회에는 수많은 갈등의 요인이 존재한다. 우리나라 역시 차츰 다문화 사회로 접어들고 있다. 이런 상황에서 사회적 갈등을 해결하는 제도적 장치가 없다면, 갈등은 엉뚱한 곳에서 터지고, 그 피해는 고스란히 서민에게 돌아갈 뿐이다.

어떤 경제가 우리를 행복하게 하는가

금세 끔찍한 결과로 발전할 수도 있다.

　미국의 예를 이야기한 것은, 우리나라에서도 총기 소유를 허용하자는 주장을 하려는 것이 아니다. 지금처럼 힘과 권력을 가진 집단의 목소리가 우리 사회를 지속적으로 지배하는 구조라면 언젠가는 국민들이 스스로를 보호할 수단을 찾게 된다는 점을 지적하고 싶은 것이다. 얼마 전 한국 사회를 강타한 영화 〈부러진 화살〉은 실제로 있었던 사건을 소재로 만든 작품이다. 영화에서는 지금의 사법부가 법을 우롱하면서 진실을 외면하는 집단으로 묘사된다. 영화는 '석궁 교수'에 대한 재판 과정에 초점을 맞추고 있다. 그러나 필자는 그 이전의 단계에 주목하고 싶다. 우리나라가 총기 소유가 허용된 나라였다면 과연 대학교수가 석궁을 들고 판사를 찾아가는 일이 발생했을까? 어쩌면 '석궁 교수'에 대한 재판이 보다 더 신중하게 이루어졌을 것이다. 교수가 석궁을 들고 판사를 찾아가게 되는 과정에 조금 더 초점이 맞추어졌더라면 하는 아쉬움이 남는 영화였다.

　우리는 지금 블랙 코미디와 같은 세상에 살고 있다. 총만 가지고 있지 못할 뿐, 이미 〈폴링 다운〉의 윌리엄과 같은 처지의 사람들이 점점 늘어나고 있다. 더 늦기 전에 법이 본연의 역할을 하고, 사회지도층이 국민을 올바른 방향으로 이끌어야 한다. 신뢰 회복과 사회적 자본의 확충은 21세기 대한민국이 반드시 이루어내야 할 절체절명의 과제이다.

스웨덴 H-Day의 비결을 배우다

　스웨덴에는 H-Day란 말이 있다. H는 차량의 우측통행right-hand

traffic을 의미하는 스웨덴어 Högertrafik의 머리글자 H를 따온 것이다. 스웨덴의 H-Day는 1967년 9월 3일. 이 날은 차량 통행 방식이 일제히 좌측통행에서 우측통행으로 바뀐 날이다. 그 이전의 스웨덴에서는 모든 차량이 좌측통행이었다. 전 세계적으로 차량 통행이 좌측인 나라들이 적지 않게 있다. 영국을 비롯하여 오스트레일리아, 뉴질랜드, 말레이시아, 인도, 남아프리카, 일본 등이다.

미국과 유럽을 비롯하여 세계 대부분의 나라에서는 차량 우측통행이 일반적이다. 스웨덴과 육로 통행이 빈번한 이웃인 노르웨이, 덴마크 역시 우측통행이다. 게다가 스웨덴의 경우 2차선 고속도로가 일반적이었는데, 좌측통행이 정면충돌 사고를 많이 유발한다는 조사 결과도 있었다.

스웨덴 당국은 우측통행 방식으로 바꾸려고 했으나 국민들의 습관을 바꾸는 일이라 쉽지 않았다. 40년 동안 수차례의 국민투표가 부결되었다. 1955년도의 국민투표에서는 우측통행에 대한 지지가 17%에 불과했는데, 마침내 1963년에는 국회에서 관련법을 제정하기에 이르렀다. 그리고 4년 동안의 치밀한 준비 끝에 1967년 9월 3일 오후 5시를 기해 전면적인 우측통행이 실시되었다.(Michael Powell 2007) 40년에 걸친 꾸준히 노력 끝에 좌측통행을 우측통행으로 바꿀 수 있었다.

스웨덴의 사례는 정부의 일방적인 홍보만으로 사람들의 생활 습관을 바꾸는 것이 쉽지 않다는 점을 보여 준다. 간단해 보이지만 오랜 기간 동안 국민적 합의를 이끌어내기 위해 노력해 온 스웨덴의 사례는, 사회적 자본이 단순히 구호만으로는 확보되지 않는다는 사실을 보여 준다. 수십 년에 걸친 토론과 논의, 투표의 과정을 통해 모든 시

어떤 경제가 우리를 행복하게 하는가

민이 합의하는 결과를 얻어내기 위해 노력한 모범으로 볼 수 있다. 국민의 신뢰를 얻기 위해 기울인 노력에 대해 특별히 더 많은 관심을 가져야 할 것이다.

사회적 자본을 확충하기 위해 해야 할 일은 너무나 많다. 무엇보다 우리 사회의 '갈등관리 시스템'을 정교하게 구축해야 한다. 갈등의 해결을 정치권에만 맡겨서는 안 된다. 시민사회가 적극적으로 참여하여 제 역할을 할 수 있도록 체제를 갖추어야 한다. 국민들은 사법부를, 자신의 억울함을 해결해 주는 최후의 보루로 생각한다. 하지만 내심 사법부를 절대적으로 불신하고 있다. 사법 제도를 국민의 눈높이로 개혁해야 한다.

공공기관은 국민들이 정부와 접촉하는 접점 지역이다. 정부의 비능률과 무책임이 가장 심한 곳으로 평가되고 있다. 공공기관의 지배구조 개선이 시급하다. 같은 관점에서 지방행정 체제의 개편 역시 빠른 시일 내에 해결되어야 할 문제이다. 복지국가로 가는 성공의 열쇠는 낭비 없는 복지 전달체계의 구축이다. 복지 분야에서의 도덕적 해이는 돈의 낭비가 아니라 사람의 낭비이다. 지역공동체 등 자발적 복지 체제의 구축이 매우 중요하다.

젊은이들은 국방의 의무를 통해 '세상은 불공평하다'는 사실을 절감하고 있다. 군대를 아예 가지 않는 사람으로부터 군대내 생활의 문제에 이르기까지, 이를 통해 젊은이들은 불공평한 세상을 깨닫는다. 미국도 예외가 아니어서 군대의 불공평은 19세기 맨해튼 폭동의 원인이 되기도 했다. 국방의 의무에 대한 공정한 적용을 위한 개혁, 더나아가 정예 강군을 위한 모병제 도입 등 국방 개혁이 필요하다.

아울러 투명한 행정을 위하여 전자정부의 완벽한 구현이 필요하다. 정보를 국민들에게 돌려주어야 한다. 아니, 정보를 공개하고 정부는 시민사회와 힘을 합쳐야 한다. 국민들이 신뢰하는 정부가 되어야 한다. 사회적 자본의 확충에 성공하기 위해서는 먼 길을 꾸준히 갈 각오를 해야 한다.

어떤 경제가 우리를 행복하게 하는가

14

노인들이 품위를
지킬 수 있는 사회

〈어바웃 슈미트〉와 선진국의 모습

과거로 여행할 수 있는 타임머신이 있다면 사람들은 어떤 시절로 돌아가려고 할까? 타임머신이 소재가 된 미국 영화〈백 투 더 퓨처 Back to the Future〉1편은 1987년 여름에 우리나라에서 상영되면서 선풍적인 인기를 끌었다. 미국에서는 1985년에 개봉되었는데 한국에서의 상영은 심의 때문에 많이 늦어졌다.

로버트 제메키스가 감독하고, 스티븐 스필버그가 제작한 이 영화는 시간 여행을 소재로 한 작품 가운데 가장 성공한 것으로 평가를 받는다. 주인공인 마티가 30년 전으로 시간 여행을 하는 내용인데, 유머와 아이디어가 번쩍이는 '진짜 재미있는 영화'여서 많은 사람들의 기억에 남아 있을 것이다.

우리나라에서는 가족영화로 인기를 얻었지만, 미국에서 이 영화가 흥행에 성공한 데에는 몇 가지 이유가 있었다. 그 가운데 하나는 영화 속 과거의 배경이 1950년대라는 것이었다. 미국의 이 시기는 중장년층의 향수를 가장 많이 자극하는 풍요로운 시대였기 때문이다. 풍족한 자원을 바탕으로 건전한 소비문화가 정착되었고 사람들도 순박했으며 꿈과 낭만이 모든 세대를 지배하던 시기였다고 한다. 또 이 영화는 그때를 경험하지 못한 젊은 세대들에게도 부모 세대의 지난날을 엿볼 수 있는 관음적 욕망을 충족시켜 주면서 큰 인기를 얻었다고 한다.

선진국임을 말해주는 두 가지 기준

우리나라 TV의 인기 프로그램들 중에도 향수와 낭만을 자극하는 '시간여행 프로그램'이 있다. 〈1박2일〉이다. 〈1박2일〉이 왜 시간여행인가? 반문하고 싶을 것이다. 물론 〈1박2일〉은 시간 여행을 설정하지도 또 표방하지도 않는다. 그러나 인기를 끄는 이유 가운데 하나는 프로그램의 내용에 사실상 '시간여행'이 숨어 있다는 점이다.

최근에는 설정이 많이 달라졌지만 프로그램의 초기만 해도 농촌이 1차적 배경이 되곤 했다. 오늘날 우리에게 농촌은 무엇일까? 젊은이들은 농촌을 잘 알지 못한다. 농업도 젊은이들에게는 생소한 업종이다. 농업에 종사하는 사람들은 우리나라 전체 취업 인구의 5%도 되지 않는다. 쉽게 만날 수도 없다. 요즈음의 도시 젊은이에게는 농촌 사람이 생소할 수밖에 없다. 외국인처럼 느껴질 수도 있다.

선진국의 농촌에 가보면 도시와 큰 차이가 없는 문화생활을 하고 있음을 목격하게 된다. 도시에는 빈민이 있지만 농촌에는 빈민이 없다. 경우에 따라서는 농촌이 오히려 도시에 비해 문화 수준이 높다. 그런데 우리나라의 농촌은 여전히 발전의 뒤안길에 있다. 도시의 젊은이들에게는 농촌이 어느 후진국의 모습으로 비치기도 한다.

'선진국'이 무엇일까? 어떤 나라가 선진국일까? 국민이 어떻게 살고 있는 나라가 선진국일까? 국제적으로도 확립된 공통적인 개념은 없다. 앞의 장에서는 '사회적 자본'이 선진국으로 가는 마지막 관문이라고 했다. 그렇다. 선진국은 사회적 자본 즉 '규율과 신뢰'가 갖추어진 나라이다. 하지만 사회적 자본은 내면적인 자격이다. 국가의 소프트웨어이다. 그럼 선진국의 외면적(hardware) 자격은 무엇일까? 1인당 국민소득 수준? 물론 중요한 물질적 필요조건이다. 그러나 충분조건은 아니다. 소수가 부를 독점하고 있어도 수치상으로는 1인당 평균이 높게 나올 수 있다. 1인당 국민소득이 서구를 능가하는 중동 국가들이나 브루나이 왕국을 선진국으로 부르지는 않는다.

오랫동안 노무현 대통령을 비롯해 여러 학자들과 선진국의 조건에 대해 이야기를 나누었었다. 수많은 기준들이 제시되었지만 합의점은 없었다. 다만 대체로 두 가지의 공통되는 기준은 있었다. '도시와 농촌의 격차가 거의 없는 나라'와 '노인이 품위 있게 지내는 나라'였다.

지역균형은 장기적인 효율의 문제

우리나라 농촌은 그 삶의 질이 30년 전의 상황에서 크게 나아지지 못하고 있다. 그동안 급속한 발전을 이루다 보니 아직도 농촌은 도시의 발전을 따라가지 못하고 있다. 조금씩 나아지고 있기는 하지만 앞으로도 상당한 시간을 필요로 할 것으로 보인다. 이웃 나라인 중국은 도시와 농촌의 격차가 상상을 초월한다. 어떤 나라가 선진국인지를 잘 보여 주고 있는 사례이다.

어떤 경제가 우리를 행복하게 하는가

우리나라 인구는 5000만 명을 넘어섰는데, 이 가운데 대부분이 도시에 산다. 지난해에 아시아개발은행(ADB)이 아시아 48개국을 대상으로 집계한 도시 인구 현황 보고서가 있다. 이에 따르면 우리나라의 도시 인구 비율은 아시아에서 여섯 번째인데 사실상 아시아 최고 수준이라고 한다. 홍콩, 싱가포르, 나우루는 도시 인구 비율이 100%로 가장 높았고 이어서 호주(88.7%), 뉴질랜드(86.6%)인데, 한국은 81.5%로 그다음이었다.* 특히 우리나라의 경우 도시 인구의 비율이 20년 만에 81.5%로 급증해 도시 집중 현상이 가장 심각한 국가라는 점도 함께 지적되었다. 우리나라에서는 농촌 생활이 도시에 비해 불편하기 짝이 없다. 병원, 학교, 슈퍼 등과 같은 생활시설들이 주변에 많지 않고 또 접근하려 해도 공간적으로 거리가 너무 멀기 때문이다.

그런데 도시화보다 더욱 심각한 문제가 있다. 바로 수도권 집중이다. 서울의 인구는 이미 1000만 명을 넘어선 지 오래되었다. 경기도의 인구만도 1200만 명을 넘어섰음을 감안하면 인구의 절반이 수도권에 모여 있는 셈이다. 한 지역 또는 특정 도시로의 인구 편중은 국토의 균형개발이라는 측면에서도, 또 안보적 측면에서도 문제가 많다는 것이 일반적인 지적이다.

선진국의 경우를 보자. 일부 대도시를 중심으로 인구가 집중되는 경향은 있지만 우리와 비교하면 집중도가 훨씬 낮다. 뿐만 아니라 도시 이외의 지역에서도 별다른 불편 없이 거주하는 모습을 볼 수 있다. 우리의 경우 일단 일자리가 모여 있는 곳이 도시인만큼 그 이외의

* 일본은 66.5%로 11위에 그쳤고 대만은 59.1%로 16위, 중국은 46.6%로 22위를 기록했다.

지역에 거주하면 모든 면에서 불편해진다. 특히 세계 최고의 교육열을 지닌 상황에서 우수한 대학을 비롯한 교육기관들 대부분이 도시 지역에 집중되어 있는 만큼 도시 거주를 선호할 수밖에 없다.

우리나라 어디에 살든 생활상에 큰 차이가 없도록 지역의 균형개발이 이루어져야 한다. 농촌 인구의 비율이 5%에 불과하고 그나마 거주 인구의 대부분은 60세를 넘긴 노인들이다. 한 세대 후에 텅 비어 버린 농촌을 보지 않으려면 이제부터 정책적으로 대비하고 준비해 나가야 한다. 지역균형이란 이슈는 장기적인 효율의 문제이기 때문이다.

잭 니콜슨이 출연한 〈어바웃 슈미트〉(2003)라는 영화가 있다. 워렌 슈미트라는 노인이 은퇴한 이후 자신의 삶을 돌아본다는 내용의 영화이다. 워렌은 평생을 보험회사에서 일하며 나름대로 실력을 인정받아 왔다. 그러나 빠르게 변하는 사회와 작업 환경을 따라가기엔 그는 너무 늙어 버렸다. 결국 컴퓨터를 능숙하게 다루는 젊은 후배 직원에게 자리를 빼앗기고 은퇴를 하게 된다. 명예롭게 송별회도 열리면서

"난 늙은 실패자야. 내가 할 건 아무것도 없어. 곧 죽게 될 거야."

우리나라 노인에게 허락된 일자리는 제한적이다. 기초생활이 보장되어 있지 않은 데다 최저 생계도 유지하기 힘든 급여를 받고 사는 노인에게 '품위'란 다른 나라 이야기일 뿐이다.

박수를 받고 떠났지만, 그의 박탈감은 어쩔 수 없는 것이었다. 은퇴 후에도 회사를 찾아가 도움을 주고자 했지만 이제는 아무도 그를 필요로 하지 않는다. 설상가상으로 아내까지 갑작스레 세상을 떠나면서 그는 완전히 외톨이가 된다. 하나밖에 없는 딸은 멀리 떨어져 사는 데다 결혼까지 앞두고 있어 아버지의 외로움에는 큰 관심이 없다. 오히려 자신을 만나기 위해 손수 차를 몰고 오는 아버지에게 싫은 기색을 보이며 집으로 돌아가라고 한다. 결국 워렌은 차를 돌려 어린 시절 자신이 살았던 동네 등을 방문하며 인생을 돌아보게 된다.

이런 정도는 우리나라 노인들의 어려움과 차원이 다르다. 우리는 지하철 안팎에서 노인들이 좌판을 벌리고 어렵게 장사를 하는 모습을 종종 목격한다. 거리의 곳곳에서 힘들게 일하는 노인들의 모습을 접한다. 우리나라 노인 빈곤율은 OECD 국가 중에서 최고이다. 노인 자살률도 1위이다. 미국의 경우 길거리에서 구걸하는 걸인 가운데 노인들은 없다. 노인의 최저생활을 국가가 보장해 주기 때문이다.

2020년 고령화의 충격이 사회를 강타한다

요즘 지하철에서 젊은이가 경로석을 차지하고 앉아 노인에게 폭언을 하는 모습을 담은 동영상이 인터넷에 심심찮게 올라온다. 이를 보고 사람들은 어른을 공경하는 문화가 사라졌다고 탄식한다. 그러나 사실은 그러한 문화 이전에 노인들의 먹고사는 문제가 더 심각하다. 노인 빈곤층이 엄청나게 증가하고 있다. 앞에서 말했지만 우리나라가 선진국이 되기 위한 필요충분조건은 바로 노인들이 '폼 나게', 사람답게 사는 것이다.

현재 우리나라는 65세 이상의 경제활동인구 참가율이 OECD 2위 (29.5%),* 하루 노동 시간은 OECD 1위(1시간 39분)를 기록하고 있다. 나이 많은 여성들의 경우도 마찬가지이다. 우리나라 여성의 경제활동 참가율이 전체적(15세~64세)으로는 54.9%로 OECD 평균인 61.8%보다 한참 낮은 수준인데도, 60-64세의 경제활동 참가율은 OECD 평균인 36.7%보다 높은 42.2%에 이르고 있다. 가임기 또는 육아 부담을 안아야 하는 연령층인 30-39세에서는 OECD 평균 여성 경제활동 참가율이 70% 수준인데, 동일 연령층에 있는 우리나라 여성의 경우는 55%에 불과하다. 남녀 모두, 노인들이 힘들게 일해야 먹고살 수 있는 사회임을 말해주고 있다.

당나라의 시인 두보는 '인생칠십고래희人生七十古來稀'라고 했다. 예로부터 70세까지 사는 경우가 매우 드물다는 뜻이다. 두보 자신도 59세에 죽은 만큼 그 시대에 70세까지 산다는 것은 축복을 받은 사람이었다고 할 수 있다. 그러나 현대 의학의 발달과 생활수준의 향상으로 인류의 평균수명은 급속히 연장되고 있다. 우리나라의 경우 1971년에 62.3세였던 평균수명이 2009년에는 80.3세까지 늘어났다. 이제 두보의 시도 '인생칠십다반사人生七十茶飯事'라 해야 할 상황이다. 사고나 질병이 아니라면 70세까지 사는 것은 밥을 먹고 차를 마시는 것처럼 흔한 일이 되었기 때문이다. 최근에는 평균수명이 머지않아 100세에 이르게 될 것이라는 학자들의 전망도 나오고 있다. 이렇게 장수

---

* 1위는 아이슬란드로 34.1%이다.

를 누리게 된 것이 과연 축복일까?

옛날의 대가족 제도에서는 부모를 부양하는 일이 가족 모두의 책임이었기 때문에 장수가 가정이나 사회에 큰 부담이 되지 않았다. 그러나 지금은 대부분의 가정이 핵가족화되었고 독거노인 가구도 점차 늘어나고 있어 예전과 같은 가족 부양 체계를 기대할 수 없다. 특히 빈곤층의 경우는 생계나 의료 지원이 뒷받침되지 않으면 장수하는 노인들이 암울한 노후를 보내야 할 수도 있다. 결국 지금의 중년들은 스스로 노후를 준비하지 않으면 낭패를 보게 될 가능성이 높다.

문제는 재산을 모으는 일이 쉽지 않을 뿐만 아니라 직장에서 퇴직하는 나이도 점점 빨라지고 있다는 점이다. 만일 60세에 은퇴했다면 퇴직한 후 20년 동안을 아무런 소득도 없이 살아야 한다. 국내의 한 보험사가 추산한 바에 따르면 20년 동안 노후생활을 하려면 7억 원의 자금이 필요하다고 한다. 이런 얘기를 들으면 대부분의 사람들은 걱정부터 앞설 것이다. 그 정도의 자금을 확보하고 있는 사람은 아주 드물기 때문이다. 게다가 이 기간 동안 치매나 중풍 같은 질병에 걸리게 되면 상황은 더욱 악화될 수밖에 없다.

우리나라는 세계에서 가장 빠른 속도로 고령화 사회에 접어들고 있다. 유소년 인구는 줄어들고 있는 데 반해 65세 이상의 고령 인구는 최근 5년(2006년~2011년) 동안 연평균 4.3%의 증가율을 나타냈다. 전체 인구에서 차지하는 비중도 0~14세는 18.6%에서 15.6%로 낮아졌고, 65세 이상은 9.5%에서 11.4%로 높아졌다. 그러나 고령화에 대비한 경제적 · 사회적 안전망은 여전히 미흡하다. 전문가들은 이대로 미래를 맞는다면 우리 사회는 대재앙을 맞게 될지 모른다고 경고하고 있다.

특히 1955년에서 1963년 사이에 태어난 베이비붐 세대가 직장에서 은퇴하기 시작하고, 2001년 이후에 태어난 초저출산 세대가 가임기에 진입하는 2020년경이 되면 고령화의 충격이 우리 사회를 강타할 것이라고 한다. 먼 장래가 아니라 바로 앞에 다가온 미래이다. 국가와 사회발전에 젊음을 바쳐 온 노인들은 사회의 존경을 받으며 품위 있게 노후를 보낼 자격이 있다. 그러나 현실적인 여건을 감안하면 그것이 과연 가능한 일인지 걱정스럽다.

노인이 자녀와 함께 늙어 가는 시대

오래 사는 것이 축복이 되지 못하면 건강한 사회가 될 수 없다. 사회 발전에 공헌한 노인들이 늘어난 수명만큼 품위 있는 노후를 보낼 수 있도록 하려면 지금부터라도 고령사회에 철저히 대비해야 한다. 사회보장이 유럽보다 부족한 미국에서도 은퇴한 중산층 노인들이 동네 골프장에서 친구들과 즐거운 일상을 보내는 정도는 충분히 가능한 일이라고 한다.

고령화 사회의 가장 큰 문제 가운데 하나는 노인이 자녀와 함께 늙어 간다는 사실이다. 평균수명이 90세로 늘어날 경우 노인은 직장에서 은퇴한 60세 자녀와 함께 살아야 한다. 이렇게 되면 손자가 할아버지와 아버지를 동시에 모셔야 하는 상황에 처한다. 할아버지와 아버지는 소득이 없을 가능성이 높기 때문에 손자의 부담이 커질 수밖에 없다. 이런 경우 손자가 모든 비용을 감당하기는 어렵다.

그런 의미에서 볼 때 우리나라도 연금제도에 대해 다시 심각하게 생각해 보아야 한다. 당초의 연금제도는 가입자가 계속 늘어나고 수급자는 감소한다는 전제 하에서 만들어졌다. 하지만 출산율이 줄어들고 평균수명이 늘어나면서 문제가 생기기 시작한 것이다. 우리나라의 경우는 더욱 심각하다. 급격한 출산율 감소와 빠른 고령화로 인해 순식간에 가입자가 감소하고 수급자는 늘어나는 상황에 처한 것이다. 이는 머지않아 연금이 고갈될 수도 있음을 의미한다.

다른 한편으로는 노인 일자리 창출과 노인 요양 등에 필요한 프로그램이 마련되어야 한다. 저출산 및 고령화는 지금 우리 사회에 광범위한 영향을 미치는 최대의 변수가 되고 있다. 지금 대비하지 않으면 미래 사회에 미칠 파장은 더욱 커질 것이다. 이제 인구구조 변화에 대응하여 우리 사회의 체질과 사고방식을 함께 바꾸어 나가야 한다. 저출산 문제를 놓고 20년 이상을 실기했던 잘못을 더 이상 반복해서는 안 된다.

"내가 죽고 난 알았던 사람들도 다 죽게 되면 난 존재하지도 않았던 것처럼 되겠지."

오래 사는 것이 축복이 되지 못하면 건강한 사회가 될 수 없다. 사회 발전에 공헌한 노인들이 품위 있는 노후를 보낼 수 있도록 지금부터 고령사회에 철저히 대비해야 한다.

주택정책도 마찬가지다. 공급 확대와 수요 억제 정책에서 벗어나야 한다. 주택보급률은 이미 100%를 넘어섰으며, 2016년부터는 생산가 능 인구가 감소하고 2030년부터는 총인구가 줄어들 것으로 전망되고 있다. 향후에도 일시적으로 또는 지역적으로 변동이 있을 수 있지만, 주택 가격은 추세적으로 하락 안정세를 보일 것이다. 부동산 정책은 단기적 · 대증적으로 대처할 것이 아니라 여건 변화에 따라 근본적으 로 재검토를 해야 한다. 인구의 노령화와 저성장 시대에 맞도록 부동 산 정책이 근본적으로 바뀌어야 한다.

현재의 정책은 급속한 경제 성장 시대에 부동산 가격이 지속적으로 오른다는 전제 하에 수립된 것이다. 이제 고령화 · 저성장 시대의 도 래로 부동산 가격의 급격한 상승은 기대할 수 없게 되었다. 이미 국민 들은 주택 구입을 기피하면서 임대를 선호하기 시작했다. 최근 주택 가격이 하락하고 전월세 가격이 상승하는 것은 이러한 변화를 반영 한 것이다. 따라서 향후 부동산 정책의 기조는 부동산 가격의 급격한 하락을 막는 데 그 초점을 맞추어, 수요를 진작하고 과도한 주택 공급 을 억제하되 임대주택 공급은 확대하도록 해야 한다.

서류에 파묻혀 있는 복지사업 행정

최근 들어 노인 문제를 포함하여 복지에 대한 논의가 무성하다. 이 에 따라 보육 · 의료 등 각종 복지 사업 관련 예산도 가파르게 증가하 고 있다. 그러나 아직도 우리 주변에는 보살핌의 손길이 제대로 미치 지 못하는 곳이 많다. 복지 사업의 종류나 예산 규모와 같은 하드웨어적인 면은 많이 나아졌지만 실제로 이를 차질 없이 운용할 수 있는 소프트웨어적 측면은 여전히 개선할 점이 많다. 복지 사업의 종류와 예산이 증가하면서 지난 5년 동안 각종 복지의 수혜 대상 연인원이 2.5배나 증가했다. 그런데 정작 이러한 복지 사업을 일선에서 전달하고 수행하는 복지 담당자는 4%대 증가에 그쳤다.

복지부와 가족부 등 각 부처가 경쟁적으로 쏟아내는 복지사업을 합치면 모두 290여 종류나 된다. 그러나 각종 복지 수혜자를 연결시켜주는 최종 접점인 읍·면·동에는 담당 인력이 부족하다. 복지 담당 공무원 한 명이 평균 550가구(2200명)을 담당하는 실정이다. 이른바 '깔때기 현상'이 일어나는 것이다. 이 정도면 세심한 보살핌은커녕 서류에 파묻혀 복지 사업이 적정하게 집행되는지조차도 따져보기 힘들 것이다.

이러다 보니 정작 필요한 사람에게는 복지가 제대로 전달되지 못하고 한편으로는 자격 미달의 부정 수급자가 넘치고 있다. 2010년만 해도 적발된 부정 수급자는 18만 명에 이르며 3200억 원의 예산이 낭비되었다. 아무리 복지 관련 사업과 예산을 늘려도 결국은 최종 접점인 읍·면·동 사무소가 그물망처럼 촘촘한 관리를 선행해야 효율적인 복지가 가능하다. 복지 사업의 낭비는 경제 사업의 낭비보다 문제가 크다. 경제 사업의 낭비는 돈만 잃어버리지만, 복지 사업의 낭비는 돈과 함께 사람도 잃어버리기 때문이다.

요즘엔 동사무소가 많이 바뀌었다. 딱딱하고 관료적이던 분위기가 은행처럼 친절해졌다는 말이 나올 정도이다. 행정 전산화 등으로 인해 동사무소에 갈 일이 줄어들었기 때문만은 아닐 것이다. 행정에도 서비스 개념이 도입되어 주민들이 '관리의 대상'이 아닌 '섬겨야 할 고객'으로 그 인식이 바뀌었기 때문이다. 이러한 분위기가 확산되어 노무현 정부 때에는 2166개의 동사무소 명칭을 '주민센터'로 변경하는 한편 고객만족평가 도입 등 대민 서비스의 질을 더욱 강조하게 되었다.

그러나 이것만으로는 부족하다. 읍·면·동 조직에서 일개 부서 업무에 머물고 있는 복지 업무를 중심적인 업무로 개편해야 한다. IT산업의 발전 추세와 우리보다 앞선 선진국의 경우를 보면, 앞으로 일선 조직의 전통적인 행정 업무는 줄어드는 한편 복지 관련 업무는 계속 증가하게 될 것이다. 아니, 이미 넘쳐나고 있다. 기존의 읍·면·동사무소에 근무하고 있는 일반 행정직 공무원을 복지 담당 공무원으로 전환하고 사회복지사를 확충하여 복지의 사각지대가 발생하지 않도록 조정해야 한다. 이렇게 하면 향후 지속적으로 증가되는 복지 예산의 부정 수급도 방지하면서 예산을 꼼꼼하게 효율적으로 활용할 수 있게 될 것이다. 여기서 절약되는 재원으로 사회복지사를 확충하면 일자리 확대에도 기여할 수 있고, 독거노인, 편부모 가정 등 꼭 필요한 사람에 대한 맞춤형 복지가 가능하다.

15

선진국도
야만의 시대를
걸어왔다

〈갱스 오브 뉴욕〉과 역사의 발전

국가 경제의 규모나 성장률을 나타낼 때 흔히 GNP나 GDP의 개념을 사용한다. 경제학을 처음 공부할 때 GNP와 GDP는 유량flow 개념이고, 국부는 저량stock 개념이라고 배운다. 일반인들에게는 생소한 말이겠지만, 유량이란 일정 기간 동안의 양을 측정한 것이고, 저량은 일정 시점에 현존하는 양을 측정한 것을 말한다. 물에 비유하여 설명하면 더 쉽게 이해할 수 있다. 유량은 저수지에 일정 기간 동안 흘러 들어간 물의 양이고, 저량이란 저수지 안에 담겨 있는 물의 총량을 일정 시점에 측정한 것이라고 할 수 있다.

경제학을 처음 공부할 당시, 필자는 이러한 유량과 저량의 개념을 논리적으로만 이해하고 있었다. 이 개념을 온몸으로 체감한 것은 미국에서 유학할 때의 일이었다. 예일 대학에 첫발을 디디는 순간, 나는 대학이 보유하고 있는 엄청난 양의 지적 자산과 웅장한 규모의 건물들에 놀라지 않을 수 없었다. 뉴욕에서 동북쪽으로 약 120km 떨어진 뉴헤이븐 시가지에 있는 예일 대학 캠퍼스에는 고딕식으로 지어진 학부 건물을 비롯하여, 약 4500여 명의 학생을 수용할 수 있는 기숙사와 아파트 등 200여 동의 건물이 들어서 있다. 재학생이 5000여 명 안팎이므로 학생들은 거의 모두가 기숙사에서 생활하는 셈이다. 이 때문에 미국 동부에 있는 아이비리그 대학 가운데 예일 대학은 기숙사의 시설과 관리 면에서 늘 좋은 평가를 받아왔다.

그뿐만이 아니었다. 대학 내에는 엄청난 규모의 도서관은 물론, 세계적 수준의 미술관·자연사박물관·식물원·스타디움 등이 고풍스런 고딕식 건물들과 함께 즐비하게 서 있었다. 국제 경기를 치를 수 있는 국제 규격의 수영장이 여러 군데 있었고, 인공적으로 물결을 만들어내는 실내 조정경기 연습장과 거대한 규모의 미식축구 경기장도 있었다. 대학이 이런 시설을 갖춘다는 것은 정말 놀라운 일이었다. 특히 도서관은 메인인 스털링 기념 도서관을 비롯하여, 희귀본 및 귀중본을 별도로 소장하고 있는 바이네키 도서관Beinecke Library, 그리고 22개의 부속 도서관과 전시관 등으로 구성되어 있었다. 이들 도서관은 파피루스에 기록된 고대 이집트 문헌에서부터 전자 데이터베이스에 이르기까지 약 111만권 분량의 자료를 소장하고 있었다.

특히 특별전시관은 희귀본·필사본·공문서·지도·시청각자료·악보·미술품 등 다양한 연구 자료를 보관하고 있는데, 내가 감탄을 금치 못했던 것은 희귀본 및 귀중본을 별도로 보관하고 있는 바이네키 도서관이었다. 이 도서관은 햇빛이 투과되는 대리석으로 창문을 설치하여 희귀본과 귀중본 도서를 직사광선에 의한 훼손으로부터 보호하고 있었다. 또 화재와 같은 불의의 사고가 발생할 경우에 대비하여 도서관 전체를 지하로 이동시킬 수 있는 시스템도 갖추고 있었다.

300달러가 없어서 죽으러 가는 청년들

유학 기간 동안 필자는 한 나라의 국부가 어떤 의미를 갖는 것인지 깊이 실감할 수 있었다. 미국은 불과 200여 년의 역사를 가진 나라이지만, 그들이 축적해 온 부는 대학이라는 작은 사회 속에서도 극명하게 확인되고 있었다. 우리나라에서 최고의 대학으로 인정받고 있는 서울대학교의 경우 최근 재학생 수가 2만여 명에 이른다고 한다. 예일 대학교보다 무려 네 배나 많은 숫자이지만, 교육 기반 시설은 비교하는 것 자체가 안쓰러울 정도이다. 두 대학을 비교해 보니 그 동안 우리 사회가 눈앞에 보이는 수치를 올리는 데에만 급급했던 것이 아닐까 하는 생각이 들었다. 2만여 명의 재학생을 가졌다는 것이 무슨 의미가 있는가? 학생 수가 1만 명에서 2만 명으로 늘어났다고 해서, 대학의 질이 두 배로 높아졌다고 이야기하는 사람은 없을 것이다.

사실 유량과 저량은 별개의 개념이 아니라고 할 수 있다. 나라의 재산도 일정 기간의 성장이 축적된 것이므로 결국 유량이 모여 저량을 이룬 것이라고 할 수 있다. 선진국들이 누리고 있는 오늘날의 부는 오랜 기간 동안의 성장이 그 밑거름이 되었을 것이다. 그러나 축적된 부가 많다고 해서 모두 선진국이 되는 것은 아니다. 오일 달러가 풍부한 중동 지역 국가의 경우 막대한 천연자원을 보유하고 있고 GDP도 높지만 선진국으로 분류되지는 않는다. 졸부가 교양인으로 대접받지 못하는 것과 흡사하다. 선진국으로 대접을 받기 위해서는 자산 외에도 후진국과는 다른 무언가가 있어야 한다.

레오나르도 디카프리오가 출연한 〈갱스 오브 뉴욕Gangs of New York〉은 허버트 애즈버리의 논픽션 다큐멘터리를 바탕으로 제작된 영화이다. 마틴 스콜세지가 감독한 이 영화의 배경은 남북전쟁이 진행되던 1860년대 초반의 뉴욕이다. 이 영화는 당시 미국 사회의 치부를 적나라하게 드러내면서 맨해튼의 중심 상권인 '파이브 포인트the five points'가 어떻게 형성되었는지를 보여 주고 있다. '파이브 포인트'는 지금도 맨해튼의 핵심 상권을 형성하고 있는데, 최근에는 월 스트리트가 추가되어 '식스 포인트'로 불리기도 한다.

이 영화에는 매우 잔혹한 장면이 많이 나오는데, 당시가 '야만의 시대'였음을 말해 주고 있다. 영화가 보여 주는 뉴욕의 모습은 흡사 지옥도를 보는 것 같다. 신대륙의 꿈을 좇아 미리 이주해 있던 토착민과 새로 이주를 시작한 아일랜드계, 그리고 다양한 종교와 인종들이 폭력집단을 형성하여 목숨을 건 투쟁을 벌이던 시기였다. 죽음과 공포, 살인과 폭력, 질병과 범죄가 들끓던 뉴욕은 야만과 문명이 공존하는 세계였다. 1863년 링컨은 남북전쟁에 필요한 군인들을 징발하기 위해 징병제를 실시한다. 부자들은 300달러의 세금을 내는 것으로 병역을 면제받지만 가난한 사람들은 꼼짝없이 징병에 응해야 했다.

항구에 배가 도착하면 남북전쟁에서 사망한 군인들의 시체가 들어 있는 관棺들을 하역 작업한다. 하역된 관의 숫자만큼 새롭게 징병된 청년들이 배에 오른다. 그 의미는 무엇일까? 300달러가 없어서 죽으러 가는 것이다. 이 과정에서 뉴욕 빈민들의 불만이 폭발하게 된다. 분노의 대상은 부족한 일자리를 잠식하고 있는 해방노예들에게까지 확산된다. 결국 빈민층은 폭동을 일으켜 상류층의 저택을 약탈하고 해방노예들을 습격하기에 이른다.

영화 〈갱스 오브 뉴욕〉의 주제가인 'Hands That Built America'의 가

사는 '아일랜드의 감자대기근The Great Irish Potato Famine'이라는 역사적 사실을 담고 있다고 한다. '아일랜드의 감자대기근'은 1845년부터 1852년까지 아일랜드를 강타한 감자역병과 그로 인한 기근을 의미한다. 당시 약 100만 명의 사람들이 죽고, 100만 명 이상의 이민자가 발생했다고 한다. 그도 그럴 것이, 아일랜드 인구 가운데 약 3분의 1이 감자 농사를 짓고 있었기 때문에 도저히 배고픔을 견딜 수 없었던 것이다.

당시 대부분의 이민자들은 뉴욕으로 건너왔다고 한다. 그들은 이민자들의 관문인 앨리스 아일랜드를 통해 들어왔으며, 대부분 빈민이었기 때문에 그 상당수가 뉴욕의 슬럼가였던 '파이브 포인트'에 정착하게 된다. 하지만 그들의 정착이 쉬운 일은 아니었다고 한다. 당시(19세기 중엽)에는 '토착주의nativism'로 불리던, 반反 이민주의가 미국을 지배하고 있었다. 원주민들은 아이리쉬 이민자들에 대해 극도의 혐오감과 반감을 갖게 된다. 심지어는 무지당Know-Nothing Party이라는,

"인간은 뼈와 피와 시련을 안고 태어난다 하셨던 아버지 말처럼 당시의 뉴욕은 그렇게 탄생됐다."

초창기 뉴욕은 토착민과 이민자들이 뒤엉켜 투쟁을 벌이던 야만의 도시였다. 그러나 채 100년도 안 되어 뉴욕은 세계에서 가장 화려한 도시가 된다.

어떤 경제가 우리를 행복하게 하는가

토착주의에 근거한 정치세력까지 등장해 이민자들을 조직적으로 탄압하기도 했다.

이러한 상황에서 그들이 생존을 위해 할 수 있는 선택은 그리 많지 않았다. 결국 '죽은 토끼the Dead Rabbit'와 같은 무시무시한 이름을 가진 갱 집단들이 결성되고, 이들은 거리를 무법천지로 만드는 데 일조한다. 〈갱스 오브 뉴욕〉은 이 당시의 상황을 비교적 사실적으로 재현해 내고 있는 영화이다.

마녀사냥과 '야만의 시대'를 거쳐 온 서구

이 영화에서 특별히 인상에 남는 것이 '함포 사격' 장면이다. 빈민층의 폭동을 진압하기 위해 파견된 정부군(북군)의 전함이 뉴욕의 도심을 향해 포격을 시작한다. 정부군과 시위대, 갱들이 모여 있던 뉴욕의 한복판이 금세 아수라장으로 변한다. 실제 이 포격으로 1000명 이상이 사망한 것으로 알려지고 있다.

150년 전의 미국이 '야만의 시대'로 불려야 할 이유이다. 지나온 세월을 놓고 보면 미국이라는 강대국의 역사에도 야만적이고 비이성적인 측면이 많다. 미국뿐 아니라 다른 선진국들도 대부분 감추고 싶은 역사를 가지고 있다. 중세 유럽을 휩쓸었던 마녀사냥도 그 가운데 하나이다. 전문가들은 대략 500만 명에서 900만 명 정도가 마녀사냥에 의해 잔혹하게 처형된 것으로 추정하고 있다. 그 과정에서는 상상을 초월하는 고문과 가혹행위도 있었다고 한다. 특히 13세기 이후에는 보상금을 노린 직업적인 마녀사냥꾼들이 등장하여 수백 년 동안 호황을 누리기도 했다고 한다. 이들은 '마녀' 또는 '이단'으로 지목된 사람들의 재산을 노리거나 정적을 제거하는 수단으로 마녀사냥을 활용했다.

마녀사냥을 오래전 옛날에 있었던 참상으로만 알고 있지만, 놀랍게도 미국에서는 17세기말(1692년)에도 마녀사냥을 통해 19명을 처형한 일이 있다고 한다. 또 영국에서는 20세기인 1951년에 이르러서야 마녀에 대한 기소규정이 공식적으로 폐기되었다고 한다. 마녀로 지목된 사람들은 주로 화형을 당했지만, 18세기말에 단두대가 등장하면서 상황이 바뀌었다. 단두대는 프랑스대혁명이 있었던 1789년 당시 제헌의회 의원이었던 기요탱Joseph-Ignace Guillotin이 사형 기구로 사용할 것을 제안한 것이었는데 1792년에 공개적으로 모습을 드러냈다.

그전에도 단두대는 유럽의 다른 지역에서 사용되던 기구였다. 기요탱이 고안을 했던 것은 결코 아니다. 그는 모든 사형수의 평등한 죽음을 실현하기 위해 의회에 제안을 한 사람이었을 뿐이다. 그 이전까지만 해도 유럽의 귀족들에게는 실크 끈에 의한 교수형이라는 특권이 있었다고 한다. 단두대의 등장으로 이런 특권이 사라지게 된 것이다.

프랑스대혁명 기간에는 2만여 명이 숙청되었는데, 단두대는 사형 집행의 효율성을 높임으로써 명성을 얻게 된다. 루이 16세와 마리 앙투와네트는 물론, 피의 숙청을 주도했던 로베스피에르까지 이 기구에 의해 형장의 이슬이 되면서 단두대는 공포정치의 상징이 되기도 했다. 죽음의 평등을 위해서라고 하지만 국가가 자동으로 목을 자르는 사형 기계를 채택했다는 것은 놀라운 일이기도 하다. 단두대의 모습은 지금은 박물관에서나 확인할 수 있으며 세월이 흐르면서 사형 방법도 달라졌다. 단두대를 사용한 사형 방식은 1981년 사형제가 폐지되면서 역사의 뒤안길로 사라지게 되었다.

이렇듯 오늘날 선진국들의 번영과 질서는 하루아침에 이루어진 것이 아니다. 불행한 과거사가 떠오르거나 주위에서 한심한 일이 벌어질 때마다 우리는 '그래서 엽전들은 안 돼!'라는 패배의식에 젖곤 한다. 지금은 어느 정도 자신감을 회복했지만 아직까지도 식민지시대의 유산인 비관주의와 패배의식이 남아 있는 것을 발견하곤 한다. 스스로를 과대평가하는 것도 문제지만 지나칠 정도로 낮게 평가하는 것도 바람직한 일은 아니다.

〈갱스 오브 뉴욕〉의 라스트 신은 이 영화의 주제를 단 하나의 샷으로 함축해서 담고 있다. 주인공 '암스테르담'과 연인인 제니는 함포 사격으로 사망한 동료들이 묻혀 있는 묘지를 방문한다. 이들은 그곳에서 강 건너 멀리 폐허가 된 맨해튼을 바라본다. 잠시 후 이들의 모습이 사라지고 이후 뉴욕의 모습이 연대순으로 오버랩되면서 그 재건의 과정을 차례로 보여 준다. 뉴욕이 어떻게 분노의 시대를 관통하며 재건되었고, 현재와 같은 거대한 문명도시로 진화되어 왔는지를 단 한 장면으로 보여 주는 것이다.

지난 한 세기 동안 우리는 세계 어느 나라보다도 드라마틱한 역사를 경험했다. 식민지 시대와 해방, 한국전쟁, 쿠데타와 독재, 그리고 수차례의 항거를 거쳐 오늘날의 민주주의를 일구어 왔다. 경제적으로도 눈부신 산업혁명과 정보화혁명을 이루었고, 금융위기도 슬기롭게 극복했다. 수백 년에 걸쳐 세계가 경험한 현상을 지난 100년 동안 빠짐없이 겪어낸 것이다. 그 과정에 우리는 너무나도 많은 혼란과 아픔을 가슴에 새겨야 했다.

그러나 돌이켜보면 우리만큼 슬기롭게 역경을 헤쳐 온 나라도 드물다. 중세의 마녀사냥과 18세기 프랑스대혁명, 19세기 뉴욕의 모습과 20세기의 홀로코스트에 이르기까지, 대부분의 선진국들 역시 '야만의 시대'를 겪으면서 성숙해 왔음을 알 수 있다. 선진국들이 그 야만을 극복하는 데 수백 년의 세월이 걸렸다. 우리는 선진국들이 수백 년에 걸쳐 겪었던 혼란과 극복의 과정을 100년 이내에 모두 감당하면서 성숙해 왔다는 점을 자랑스럽게 생각해야 한다.

그러나 여전히 많은 사람들이 이 시대에 대한 불안감을 가지고 있으며, 미래에 대해서도 확신을 갖지 못하고 있다. 지금 우리사회는 어디로 가고 있는지, 한반도를 둘러싼 강대국들의 틈바구니 속에서 앞으로 100년을 어떻게 준비하며 생존해 나갈 것인지를 고민하고 있는 것이다. 우리가 헤쳐 나가야 할 난관들은 곳곳에 잠복해 있다. 필자의 생각으로 우리가 희망의 미래를 설계하는 데 가장 큰 어려움은 편협한 자기중심적 사고가 아닌가 싶다. 어느 쪽의 입장에 서 있든 '나'를 비우지 않고는 상대방의 목소리를 들을 수 없다. 그럼에도 불구하고 우리는 서로에게 자신의 생각을 억지로 밀어 넣으려는 데만 몰두하고 있는 것이 아닌지 뒤돌아보아야 한다.

그런 의미에서 볼 때 국민들이 미래를 불안하게 보는 가장 큰 이유는 정치권이 비전을 제시하지 못하고 실망을 안겨주는 데 있는 것이 아닐까 싶다. 물론 지금까지의 행태를 보면 정치권에 가장 큰 책임을 물어야 할 것이다. 그러나 중요한 점은 정치문화도 결국은 국민의 의식수준을 반영한 것이라는 사실이다. 정치권이 국민을 무서워할 수 있도록 끊임없이 관심을 가지고 감시해야 한다. 그러면서 그만큼의 시민의식과 역량을 갖추려는 노력을 함께 해야 한다. 먹고 살기 바쁘다고 정치에 무관심하고, 그래서 제대로 된 정치인을 골라내지 못한다면 결국 그 피해는 고스란히 국민에게 돌아갈 수밖에 없다.

진정한 의미의 선진국이 되기 위해서는 두 가지 조건을 충족시켜야 한다. 그중 하나가 바로 사회복지 제도이다. 최소한의 국민적 기본수요, 즉 주택, 의료, 교육, 안전을 충족시키기 위한 복지 제도를 말하는 것이다. 우리가 선진국과 비슷한 수준의 사회복지 서비스를 국민에게 제공하려면 앞으로 얼마나 더 시간이 걸릴까? 유럽 국가들의 복지 지출 수준을 따라가려면 앞으로도 많은 시간이 필요할 것이다. 보다 현실적인 대안은 일차적으로 미국이나 일본 수준에 도달하겠다는 목표를 세우는 것이다. 2차적으로는 북유럽 복지국가의 수준을 따라가는 것이다.

기획예산처 장관으로 재직하던 시절에 나름대로의 기준을 적용하여 계산한 바에 의하면, 오늘날의 미국이나 일본 수준의 복지 지출을 실현하는 데에는 약 15년 정도의 시간이 필요하고 스위스 등 유럽선진국은 25~30년 정도가 필요한 것으로 나타났다. 그러나 15년 후에 우리의 복지 지출이 오늘 날의 미국이나 일본과 비슷해진다 해도 국민들이 실제로 누리게 될 복지 수준은 그보다 못할 것이다. 15년 후의 시점은 그 해의 복지 지출 규모가 처음으로 이들 나라의 수준과 같아질 뿐이다. 우리가 그 수준을 뒤따라가는 동안 미국과 일본에서는 복지 수준이 충분한 저량으로 축적되어 갈 것이다. 따라서 이들 국가와 비슷한 수준의 복지를 실현하려면 훨씬 더 많은 세월이 필요하다. 국민적 기본수요의 충족은 다른 출발선에 있었던 사람들이 최소한 함께 출발할 수 있도록 출발선을 재정렬하는 작업이다. 따라서 국민적 기본수요를 충족시켜 나가는 것은 선진국이 되기 위한 필요조건이라 할 수 있다.

선진국이 되기 위한 두 번째 조건은 사회적 자본의 축적을 확충해 나가야 한다는 점이다. 사회적 자본이란 우리 사회의 규범과 규칙, 사회 구성원의 신뢰와 협력이 토대가 되는 장기적 축적 자산이다. 앞에서 살펴본 바와 같이 우리의 사회적 자본 수준은 선진국에 비해 낮은 수준이다. 이를 끌어올리기 위한 노력이 시급하다. 사회적 자본은 노동이나 자본처럼 단기 조달이 가능한 것도 아니고 다른 나라로부터 빌려올 수 있는 것도 아니다.

우리나라는 시장경제 체제이다. 시장경제 체제란 시장에서 수요와 공급이 작동되는 제도이다. 그런데 시장에서 만들어놓은 규칙은 '신뢰'를 바탕으로 비로소 작동된다는 사실을 명심해야 한다. 흔히 우리는 애덤 스미스《국부론》의 '보이지 않는 손The Invisible Hand'의 작동 원리가 '경쟁'인 것만 알고 있다. 애덤 스미스는《국부론》에서 '보이지 않는 손'이 작동되는 네 가지 조건으로 양심, 규범, 공정한 재판 그리고 경쟁을 제시했다. 네 가지 가운데 세 가지 조건이 이른바 '사회적 자본'이다. 한마디로 선진 시장경제 체제의 바탕은 '신뢰와 규칙'이다.

에필로그

〈뷰티풀 마인드〉와 3대 구조개혁

〈뷰티풀 마인드〉는 천재 수학자 존 내쉬의 일생을 다룬 영화이다. 이 영화에는 그의 '균형이론Nash's Equilibrium'과 관련한 에피소드가 등장한다. 내쉬와 그의 대학 친구들이 술집을 찾는데, 이들은 여학생들끼리 앉아있는 테이블에 관심을 보인다. 그중에 눈에 띄는 금발의 여학생이 있다. 친구들의 시선은 하나같이 그 여학생에게 집중된다. 한 친구가 "경쟁에서 개인의 야망은 집단의 이익에 공헌한다"는 애덤 스미스의 이론을 이야기하면서 대화가 시작된다.

내쉬는 반론을 제시한다. 애덤 스미스의 이론이 틀렸다는 것이다. 최선의 결과는 자기 자신은 물론 그룹 전체가 하나의 이익을 위해 최선을 다할 때 생기는 것이라고 주장한다. 친구들 모두가 금발 여학생에게 대시하면 서로가 장해물이 되어 결국 아무도 성공하지 못한다는 것이다. 실패한 후에 다른 여학생들에게 도전해도 결과는 마찬가지라는 주장이다. 이미 자존심이 상해버려 그녀들 역시 퇴짜를 놓을 것이 분명하다는 것. 이것이 내쉬의 이론이다.

어떤 경제가 우리를 행복하게 하는가

애덤 스미스의 이론은 이익의 도출과 관련한 경제이론을 이야기할 때 자주 언급된다. 개개인이 저마다의 이익을 위해 최선의 노력을 하면, 자연스럽게 그 집단으로서도 최선의 결과가 도출된다는 이론이다. 무려 150여 년 동안 신봉되어 온 이 이론은 1949년에 존 내쉬의 "균형이론"이 출현하면서 뒤집어진다. 내쉬의 이론은, 어떤 집단 내에서 특정 개인의 행동이 다른 개인의 이익에도 영향을 미칠 경우에는, 각자의 이익이 아니라 소속된 집단의 이익을 위해서 최선을 다해야 그 집단으로서도 최선의 결과가 도출된다는 것이다. 이 이론으로 내쉬는 노벨경제학상을 받았다. 놀라운 것은 이 '균형이론'이 대학생 시절에 내쉬가 쓴 27쪽짜리 논문이었다는 사실이다.

지난 노무현 정부 시절에는 '성장과 분배', '성장과 복지'에 대한 논쟁이 뜨거웠다. 지금도 이 논쟁은 계속되고 있다. 미래를 내다보면서 나누어줄 파이를 키우는 것(성장)이 먼저인가, 아니면 분배의 형평(복지 확충)으로 사회적 통합을 이루어 성장의 토대를 만드는 것이 먼저

"최선의 결과는 자기 자신은 물론 그룹 전체가 하나의 이익을 위해 최선을 다할 때 생기는 거라고. 애덤 스미스는 틀렸어."

모두가 공동의 목표를 향해 최선을 다했을 때 우리가 꿈꾸는 사회를 이룰 수 있다. 개인의 이익과 욕심은 버리고 서로를 배려하고 양보하는 마음가짐이 필요하다.

인가? 성장과 복지는 상충관계가 아니다. 체계적으로 시행되는 복지는 오히려 성장에 기여한다. 성장과 복지는 수레의 두 바퀴와 같다. 어느 하나가 지나치게 크면 수레는 계속 제자리를 맴돌 수밖에 없다.

일본의 경험이 그 점을 생생하게 보여 준다. 일본은 1980년대에 고高 성장기를 맞이하지만 이후 저低 성장기로 가는 과정에서 복지 투자에 소홀했다. 이는 결국, 1990년대에 들어 양극화의 확대로 나타났는데, 이로 인해 단기간에 복지 수요가 급증했다. 이 때 종합적이고 체계적으로 추진해야 할 복지 프로그램을 급작스럽게 처리하는 과정에서, 오히려 재정적자를 심화시키게 되었다. 일본의 경험에서 보듯이, 기존의 성장방식만으로는 양극화가 해소될 수 없다. 선제적 투자를 통해 복지를 확충해야 양극화의 해소와 지속적인 성장을 동시에 추구할 수 있는 것이다.

성장개혁, 재벌개혁, 노동개혁의 3대 구조개혁

대한민국은 '상향평준화'되어야 한다. 모든 국민의 '삶의 질'이 다 함께 향상될 때 가능한 일이다. 이를 위해 지금의 우리는 무엇을 어떻게 해야 할까? 우리 경제가 지속적으로 발전하기 위한 3대 구조개혁이 그 해답이다.

첫째는 성장개혁이다. 빈곤이 늘어나고 양극화가 확대되는 성장, 일자리를 수반하지 않는 성장은 이제 곤란하다. 우리나라의 경우 1990년대 중·후반부터 이미 이러한 성장 패턴이 나타나기 시작했다. 더 이상 물흐름trickle-down 효과가 발생하지 않는 경제 발전 단계에 접어들었다. 성장·분배의 불일치miss match단계에 와 있는 것이다. 문제는 그 차원을 넘어서고 있다. 국민 빈곤율, 비정규직 비중, 영세자영업자 비중, 영세기업 고용 비중이 이미 OECD 최고의 수준이다. 개선되기는커녕 악화되고 있다. 빈곤 탈출률조차도 1999년에 41%이던 것이 2009년에는 21%로 낮아졌다. 좌절과 절망의 시대에 와있는 것이다.

이제는 성장의 패러다임을 바꾸어야 한다. 선진국 따라잡기catch-up식 성장방식은 이제 그 막을 내렸다. 성장만을 위한 방식에서 전환해야 한다. 대기업이나 수출 기업이 주도하는 성장은 더 이상 유효하지 않다. 경제 운용의 목표를 '빈곤 성장'에서 '복지 성장'으로 바꾸어야 한다. 비정규직 일자리만 양산하는 것은 결코 성장이 아니다. 성장은 필요조건이긴 하다. 그러나 충분조건은 아니다. 특히 지금과 같은 성장 방식은 결코 충분조건이 될 수 없다.

성장을 위하여 경쟁은 반드시 필요하다. 다만 공정하고 기회가 균등해야 한다. 시장소득의 격차도 인정해야 한다. 그러나 가처분 소득의 격차는 줄여야 한다. 국민의 4대 기본수요가 보장되어야 한다. 이를 통해 복지가 발전 지향적, 상향 촉진적인 장치로서 작동하는 성장주도형 복지국가로 나아가야 한다.

둘째는 재벌개혁이다. 이는 단순히 대기업 지배구조의 문제가 아니다. 헌법 119조 2항의 문제만이 아니라는 뜻이다. 헌법 제119조는 '경쟁적 시장질서'를 '형성'(1항)토록 하고 이를 기능적으로 유지하기 위한 '조정'(2항)을 규정하고 있을 뿐이다. 우리나라 재벌의 문제는 국내 시장에서 서민들의 생계수단까지 잠식하면서 문어발처럼 잡다한 업종들을 혈족들이 장악하고 있는 가족경영에 있다.

또 이들은 다양한 족벌들과 협력하여 사회적 특수계급이 되어 가고 있다. 법치주의가 무력화되고 있다. 이는 헌법 11조 2항을 위배하는 것이다. 서구 사회에서는 이미 사라진 봉건영주와 같은 것이다. 패밀리가 통치하는 국가에는 미래가 있을 수 없다. 이 문제를 해결하기 위해서는 대통령과 시민사회가 협력해야 한다. 시민사회가 국가의 경제정책에 참여하는 진정한 경제민주화가 필요하다. 이를 통해 재벌의 가족경영 실체가 온전히 공개되어야 한다. 오늘날은 투명이 권력이다.

이 과정에서 재벌과 대기업은 구분되어야 한다. 아울러 세계 시장에서 치열하게 경쟁하고 있는 글로벌 경영 기업도 보호해 주어야 한다. 필요하다면 '국내 시장 파괴적·가족경영' 재벌이 다른 업종으로 전환할 수 있도록 탈출구도 제공해 주어야 한다. 그들이 경영하는 업종은 하나같이 비정규직과 아웃소싱이 가능한 업종들이다. 정부는 정규직 채용이 원활해지도록 노동개혁을 해야 한다. 지금도 10대 그룹의 경우 사내 유보액이 300조 원을 훨씬 넘는다. 이러한 자금들이 정규직 일자리를 만드는 데 투자되도록 해야 한다.

셋째는 노동개혁이다. 대외의존도가 높은 북·서유럽 국가의 국제경쟁력은 노동의 유연성에서 비롯되고 있다. 우리나라는 대외의존도가 100%를 넘는다. 미국, 일본의 20~30% 수준과는 차원이 다르다. 싫든 좋든 치열한 국제경쟁을 할 수밖에 없음을 인정해야 한다. 노동의 유연성은 노동자의 복지에서 나온다. 고용보험 가입률이 절반도 안 되는 현실에서는 노동의 유연성을 이야기할 수 없다. 더 나아가, 노동의 유연성이 담보되는 노동자의 복지는 실업 보장의 수준을 넘어서 정부가 '국민 기본수요'를 충족해 주어야 실현될 수 있다.

노동시장의 경직성은 우리나라의 아웃소싱 산업을 세계 최고 수준에 올려 놓은 원인 가운데 하나이다. '국내 시장 파괴적·가족경영' 재벌이 중소 자영업과 유통업에 무한정으로 진출하면서, 결과적으로 청년들은 은퇴자의 자리인 비정규직이나 파트타임 자리로 내몰리고 있다. 젊은 사람들이 좌절하는 나라에는 미래가 없다.

정부는 노동력을 단기간에 소모하도록 하는 정책에서 벗어나야 한다. 생애의 총 노동 기간이 길어지도록 모든 분야에서 디자인을 해주어야 한다. 국민들의 생애소득이 높아지도록 해야 한다. 노동자의 생활 안정을 보장해 줄 때 노동의 유연성은 높아진다. 여기서 말하는 노동의 유연성이란 '고용주의 권한'이 아니라, 노동자가 기업주에게 목을 매지 않도록 해주는 '노동자의 권리'를 말하는 것이다.

영화 〈뷰티풀 마인드〉에서 존 내쉬는 각 개인들이 소속된 집단을 위해 최선을 다해야 그 집단으로서 최선의 결과가 도출된다고 말했다. 굳이 어려운 존 내쉬의 균형이론을 거론하지 않아도 알 수 있는 일이다. 국민 모두가 공동의 목표를 놓고 최선을 다했을 때 우리가 꿈꾸는 '상향평준화'된 사회를 빨리 이루어낼 수 있다. 개인의 이익과 욕심을 버리고 서로를 좀 더 배려하고 양보하는 마음가짐이 필요하다. 존 내쉬와 같은 발상이 필요한 것이다. 애덤 스미스가《국부론》에서 경쟁만을 주장했던 것은 아니다. 오늘날 이야기되고 있는 '사회적 자본'도 함께 제시했다. 가진 자에게는 조금 더 자유를 주고 힘든 자에겐 조금 더 도움을 주면서 서로를 신뢰하는 사회가 건강한 사회라는 점을 잊지 말아야 한다.

어떤 경제가 우리를 행복하게 하는가
ⓒ 변양균

초판 1쇄 발행 | 2012년 11월 5일

지은이   변양균

펴낸곳   바다출판사
발행인   김인호
주소   서울시 마포구 서교동 398-1 창평빌딩 3층
전화   322-3885(편집), 322-3575(마케팅부)
팩스   322-3858
E-mail   badabooks@gmail.com
홈페이지   www.badabooks.co.kr
출판등록일   1996년 5월 8일
등록번호   제 10-1288호

ISBN 978-89-5561-652-1 03300